中 等 职 业 教 育 新 形 态 教 材

普通话与说话训练

主　编：周晓波

副主编：吴熙彦

编　者：周　劼

　　　　赵　嫦

主　审：马　琳

重庆大学出版社

图书在版编目（CIP）数据

普通话与说话训练 / 周晓波主编. -- 4版. -- 重庆：
重庆大学出版社，2023.8

ISBN 978-7-5624-3804-5

Ⅰ.①普… Ⅱ.①周… Ⅲ.①普通话—中等专业学校—教材
Ⅳ.①H102

中国国家版本馆CIP数据核字(2023)第081656号

普通话与说话训练
（第四版）

主　编　周晓波

副主编　吴熙彦

编　者　周　劼　赵　嫦

主　审　马　琳

责任编辑：王晓蓉　　　版式设计：王晓蓉
责任校对：关德强　　　责任印刷：赵　晟

*

重庆大学出版社出版发行
出版人：陈晓阳
社址：重庆市沙坪坝区大学城西路21号
邮编：401331
电话：（023）88617190　88617185（中小学）
传真：（023）88617186　88617166
网址：http://www.cqup.com.cn
邮箱：fxk@cqup.com.cn（营销中心）
全国新华书店经销
重庆天旭印务有限责任公司印刷

*

开本：787mm×1092mm　1/16　印张：16.25　字数：327千
2023年8月第4版　　2023年8月第28次印刷
ISBN 978-7-5624-3804-5　定价：49.00元

前言
preface

　　语言是人类最重要的交际工具，是人类历史长河中绽放的最美丽的花朵，语言的力量可以征服人的心灵，可以帮助我们打开成功之门。

　　我们处在一个信息爆炸的时代，人与人之间、人与社会之间的关系非常密切，广泛的社会交往已成为每个人的社会生活中必不可少的内容。时代的文明与进步，意味着人们互相合作机会的增加，人与人之间的交流也就越来越频繁，而"会说话"，作为人们最重要的交际能力之一，其重要性也就愈加明显。可以说，当今社会，语言才能是一个人获得社会认同的重要条件，也是决定一个人生活和事业成败的重要因素。

　　中等职业学校的普通话教学，是"职业技能训练的一项重要内容"，其目的是"提高学生的普通话口语能力""使学生的普通话水平能够适应未来职业的需要"。这种适应"职业的需要"的"普通话口语能力"，就是能够运用标准的普通话，从容、准确、生动而睿智地表达自己思想感情的语言才能，就是用规范的普通话说话。

　　每个人都希望自己能成为一个"会说话"的人，能在社交场合娓娓而谈、如鱼得水。说话是人的本能，而"会说话"则是一种技能，需要努力学习和训练才能获得。这本《普通话与说话训练》正是基于此而编写的。本书根据国家教委和国家语委对中职普通话教学及学生普通话水平的基本要求，结合中等职业学校学生的学习及专业实际，从西部（重点是西南）地区学生学习普通话的主要难点入手，以学生的实际水平为起点，以提高学生素质，适应就业需要为目标，注重突出其趣味性和可操作性，力求帮助每一位读者在学习的快乐之中，通过有效的训练，成为"普通话与说话"的高手。

　　本书的编写求新求实，特点鲜明：

　　● 在编写体例上打破常规，将"普通话训练"和"口语表达训练"两方面内容结合并贯穿全课程；在学习普通话语音理论知识的同时，加强普通话口语表达能力的训练，注重基础性、实用性。

● 运用心理学知识，设计大量训练题目和游戏，使普通话语音及口语表达能力训练更加生动灵活。

● 在选材用例和训练设计时尽可能贴近学生实际，贴近社会职场的需要，强调能在实际职业环境中准确流畅地表达。

● 训练点尽可能选取中职学生的共性技能，尽可能囊括对普通话语音水平要求深浅不一的不同训练内容；同时用加星号的办法，区分出不同层次的训练要求，师生可根据不同的地域、专业的需求，对教材内容进行取舍选用。

● 结合各种语境进行口语技能训练，具有较强的针对性和可操作性；情景模拟也尽可能涵盖中职学校具有代表性的专业。

● 本教材同步配套教学资源，方便教师教学及学生自学，特别是为较偏远的学校提供大量的影音教学资料。

本书是中等职业学校普通话课程教材，本书编者和主审都是长期从事普通话语音、语言表达教学的专业人员，具有相当的理论水平和丰富的一线教学经验。本书的编写，力求在创意新颖的基础上，做到科学性、针对性和可操作性的统一。我们真诚地希望本书的出版，能以其充实的内容和鲜明的特色，为广大中职学校师生及其他行业人员提供一本开卷有益的普通话及语言表达学习、辅导用书。

本书所选绕口令等资料，来源广泛，仓促之间未能一一与作者联系，如有作者发现书中资料系自己原创，请及时与本书出版社联系。

本书编写过程中，重庆市教育科学研究院职业教育与成人教育研究所所长向才毅给予了大力支持，四川外国语大学马琳教授担任了本书主审，对全书内容进行了多次认真仔细的审阅与修订；四川外国语大学申晓武老师，重庆师范大学方林刚老师、王于飞老师，重庆人民广播电台著名主持人王倪老师也给予了热情的帮助；重庆大学出版社有限公司李长惠老师、王勇老师给予了许多指导。在此谨向他们表示诚挚的感谢！

本书出现漏、误之处，敬请专家、同行及读者批评指正，我们将在再版时修订。

编　者

2012 年 8 月　于重庆

修订说明

　　《普通话与说话训练》已经发行多年，为广大中等职业学校师生提高普通话水平，提升职场交流交际能力，提供了帮助。在使用过程中，我们曾根据实际情况进行了多次不同程度的修订。随着时代的不断进步，本教材的一些缺陷也逐渐凸显，为了使教材跟上时代发展的脚步，更加符合学生学习和老师教学需求，本次修订，我们对教材进行了较大程度的修改，从结构到内容，都有了一定的变化，主要体现为：

　　1. 在各章节前增加了"学习指导"和"问题思考"，以帮助广大师生更好地抓住学习重难点，提高学习效率。

　　2. 对第四章的内容结构进行较大程度的调整，将原放入教学光盘的"作品朗读"部分的文本材料整理出来放入教材，以满足广大师生提高诵读水平的需求。

　　3. 对第五章和第六章内容进行了全面重编，以满足中等职业学校相关专业发展的需求。

　　4. 将教学光盘中的相关音频资料以二维码的形式放到书中相应位置，方便师生使用和学习。

　　本次修订得到了重庆大学出版社有限公司章可老师和王晓蓉老师的大力支持帮助。在此表示诚挚的感谢！

编　者

2023 年 3 月　于重庆

contents

第 一 章
概 述

对于每个人而言，普通话都是一种非常有用的语言，它在促进全社会树立语言文字规范意识，推动语言文字工作向纵深发展方面发挥了重要的作用。有人认为普通话学不学都无所谓，这种想法是错的。如果一个国家没有一种普遍通用的语言，那么这个国家就会变成一盘散沙。

普通话是现代汉民族共同语，是全国各民族通用的语言，可称之为人与人之间的信息桥梁。

学好普通话，真的很重要！

学习目标

1. 知道什么是普通话。

2. 了解普通话的沿革与发展。

3. 理解普通话在生活和学习中的重要作用。

4. 懂得学好普通话对自己未来发展的重要意义。

第一节

魅力无穷的有声语言

问题思考
1. 你知道有声语言在社会生活中的作用吗？
2. 为什么我们需要民族共同语？
3. 学习普通话会对你的生活和学习产生怎样的影响？
4. 你有信心通过学习达到相应的普通话水平吗？

读过《老残游记——明湖居听书》的人，一定还记得这样一段描述：

"（那声音）入耳有说不出来的妙境：五脏六腑里，像熨斗熨过，无一处不伏贴；三万六千个毛孔，像吃了人参果，无一个毛孔不畅快。"

——刘鹗《老残游记》

优美的有声语言真是如音乐一般能把人带入如此愉悦的境地！它抑扬顿挫，回环婉转，朗朗上口，清新悦耳，魅力无穷，给人以美的享受。

人的语音何以有这样的魅力呢？

一 意蕴丰厚之美

（一）交际应用，得心应手

在生活中，我们需要经常向他人表达自己的情感和解决各种问题、冲突，每个人都需要和家人、朋友、同伴、同事、上下级进行交流。有声语言，可以帮助我们传递信息，增进了解，化解矛盾，准确地完成交流任务。

请看下面这几段对话：

1. 借笔

A：打扰一下，可以借支笔给我吗？

B：好的，给你。

——交流需求，解决了用笔的实际问题。

2. 流动的风景

孩子：这条路上有什么好看的东西吗？

老人：有啊，有石头、有水流、有风雨……

孩子：那有什么好看的？

老人：……石头旁边长着小花，大河浪里藏着歌声，暴风雨后挂着彩虹。

——老人把思想、情感的信息传递给孩子，孩子懂得了应该用不同的眼光看待事物的道理。

3. 辩词节选

辩题：

世纪回眸喜大于忧（正方）

世纪回眸忧大于喜（反方）

……

反方三辩：

请问对方辩友，20世纪生态恶化，每天有一百余个物种在灭绝，这是忧大还是喜大？

正方三辩：

关于物种灭绝这个问题，我可以这样回答您，如果这个地球上只有人类，没有动物，人类确实不会快乐；但是如果这个地球上只有动物，没有人，那地球会快乐吗？请问对方二辩，人类发展下去生存的机会大，还是毁灭的机会大？

反方二辩：

我们说人类的确在发展，但是人类在发展了科技、发展了改造自然能力的同时，也发展了毁灭自己的力量，如果我们不把这种力量加以控制，那么人类终将会走向毁灭呀！下面我想请问对方辩友，当今社会，人类贫富差距仍然在扩大，并且迄今尚有八亿人民在挨饿，请问对方辩友，这不是忧大于喜吗？

正方二辩：

贫富问题确实值得担忧，不过我们看见这个贫富差距是建立在一个公平的基础之上，对于这个公平的基础，我喜大于忧。对方辩友刚才对我方三辩的问题避而不答，我们的生存希望比以前更大了，难道我们还要忧大于喜吗？我想请问对方辩友的是，和平与发展到底是世界的主流还是支流？

反方一辩：

我们从来没有否认和平与发展是世界的主流，但在和平发展的背后，我们看到了什么呢？我们为什么要提出和平与发展的主题呢？不正是对战争危机的种种忧患吗？现在美国是世界上拥有核武器最多的国家，而他至今还未在防止核不扩散条约上签字，我想请问对方辩友，这种现象您是否认为是喜大于忧？

……

——选自《中国名校大学生辩论赛决赛辩词》

——双方交流观点，碰撞出思想的火花，使人与人之间有了更为深刻的了解。

（二）激活文字，生动形象

"……小草偷偷地从土里钻出来，嫩嫩的，绿绿的。园子里，田野里，瞧去，一大片一大片满是的。坐着，躺着，打两个滚，踢几脚球，赛几趟跑，捉几回迷藏。风轻悄悄的，草绵软软的。

桃树、杏树、梨树，你不让我，我不让你，都开满了花赶趟儿。红的像火，粉的像霞，白的像雪。花里带着甜味，闭了眼，树上仿佛已经满是桃儿、杏儿、梨儿！花下成千成百的蜜蜂嗡嗡地闹着，大小的蝴蝶飞来飞去。野花遍地是：杂样儿，有名字的，没名字的，散在草丛里，像眼睛，像星星，还眨呀眨的……"

——朱自清《春》

这是《春》中的一段文字，请你先看一看，读一读，再听一听名家的朗诵录音，你会发现，通过有声语言，特别是专家的有声语言的再创造，文字会变得有色彩、有芳香、有旋律、有图画……更加生动而有真实感。

（三）传情达意，明晰准确

与视觉层面的文字比较，有声语言的传情达意无疑更加明晰准确，因为它不单依靠听觉，往往还有其他感官的辅助。

例如，在网络交流中我们发现，如果不是"语聊"，仅仅使用文字时，有很多意思都无法准确传达。请看下面的几句话：

（1）我想起来了。

（2）是吗？

（3）你真傻！

……

当在网络上收到这样的文字信息，由于没有相应的语气、语调，以及节奏、停顿等，有时就无法判断对方的真实意图是什么，于是人们使用大量的网络"表情"来弥补这个无声文字的缺憾。例如：

我们发现，有了这些生动的"表情"以后，文字似乎有了声音，我们想要表达的内容会更准确，但最终，我们都还是更喜欢拿起电话或面对面地用有声语言准确生动地进行交流。

二 音韵节律之美

（一）音节匀称整齐

在汉语的演变发展中，人们不断把原来的单音节词①变成双音节词②，而且在选词造句的时候，也非常注意句子节奏的匀称，一般情况下，总是单音节和单音节相配，双音节和双音节相配。而在那些更多音节的词语中，我们也总能感受到汉语特有的整齐而匀称的节律。

读一读下面的两个句子，说一说，你会有怎样的感受。

（1）看来很平凡的一块田地，实际上都有极不平凡的经历。在一百几十万年间，人类在这上面追逐着野兽，放牧着牛羊，捡拾着野果，播种着庄稼。

（2）看来很平凡的一块田地，实际上都有极不平凡的经历。在一百几十万年间，人类在这上面追着野兽，放着牛羊，捡着野果，种着庄稼。

——秦牧《土地》

注释：①单音节词：只有一个音节的词。

②双音节词：两个音节组成的词，就是这两个音节共同组成一定意义。

试试看，把下面句子中加点的词换成单音节词或是双音节词，再读一读，会是什么效果？

（1）随着山势，溪流时而宽，时而窄，时而缓，时而急，溪声也随时变换调子。

——叶圣陶《记金华的两个岩洞》

（2）曲曲折折的荷塘上面，弥望的是田田的叶子。叶子出水很高，像亭亭的舞女的裙。层层的叶子中间，零星地点缀着些白花，有袅娜地开着的，有羞涩地打着朵儿的；正如一粒粒的明珠，又如碧天里的星星。

——朱自清《荷塘月色》

（3）天上那层灰气已散，不甚憋闷了，可是阳光也更厉害了许多：没人敢抬头看太阳在哪里，只觉得到处都闪眼，空中，屋顶上，墙壁上，地上，都白亮亮的，白里透着点红。

——老舍《骆驼祥子》

（二）声调抑扬顿挫

声调，是汉语很重要的一个特点。有声语言的音乐美，通过声调的抑扬顿挫可以更好地展现。

声调有平（○）仄（△）变化，声调中阴平（一声）、阳平（二声）为平声，上声（三声）、去声（四声）为仄声。平仄安排恰当，声音就会显得错落有致，节奏分明。例如：千锤百炼、千军万马、千真万确、千山万水、千言万语等。

读一读下面的诗句和短文，体会声调变化带给你的感受。

（1）　　天若有情天亦老　　　　○△○△○○△

月如无恨月常圆　　　　△○○△△○○

——唐·李贺《金铜仙人辞汉歌》

（2）　　雪压竹枝头点地　　　　△△△○○△△

风吹荷叶背朝天　　　　○○○△△○○

——明·熊廷弼·妙联

（3）　　小草……坐△着，躺△着，打△两个滚△，踢○几脚球○，赛△几趟跑△，捉○几回迷藏○○。风○轻○悄悄的，草△软△绵绵的。

——朱自清《春》

（三）音韵和谐悦耳

在句子最后的一个音节运用同韵的字，是汉语中源流已久的一个优雅的习惯——押韵，它可以使有声语言呈现音韵回环、和谐悦耳的音乐美。押韵原在韵文中使用，但在今天的现代言语形式中也经常可以感受到它的魅力。

读一读

（1）　　　　　春眠不觉晓，处处闻啼鸟。
　　　　　　　夜来风雨声，花落知多少。

　　　　　　　　　　　　　　　　　　——唐·孟浩然《春晓》

（2）　　　　　在雨的哀曲里
　　　　　　　　消了她的颜色
　　　　　　　　散了她的芬芳
　　　　　　　　消散了，甚至她的
　　　　　　　　太息般的眼光
　　　　　　　　丁香般的惆怅

　　　　　　　　　　　　　　　　——戴望舒《雨巷》（节选）

（3）敬爱的周总理，您为祖国山河添光辉，您为中华儿女振声威，您不朽的业绩永世长存，您光辉的名字青史永垂。

　　　　　　　　　　　——《敬爱的周恩来总理永垂不朽》解说词（节选）

听一听

选取经典的有声语言作品聆听欣赏，感受有声语言的魅力（以下为建议参考作品）。

1. 朗诵

《蜀道难》　　　　　　　（李　白）　　　　　　　朗诵者：焦　晃

《钗头凤》	（陆　游）	朗诵者：张家声
《雨巷》	（戴望舒）	朗诵者：乔　榛
《月下独酌》	（李　白）	朗诵者：濮存昕
《无怨的青春》	（席慕蓉）	朗诵者：曹　雷
《再别康桥》	（徐志摩）	朗诵者：陈　醇
《春》	（朱自清）	朗诵者：孙道临
《黄河之水天上来》	（光未然、冼星海）	朗诵者：瞿弦和

2.播音主持

电视新闻播音片段

电视文娱节目主持片段

广播剧片段

3.演讲稿

《我有一个梦想》

《镜子与我》（文字见后）

4.童话、寓言故事

自选。

5.相声、评书表演片段

自选。

6.电影对白

自选。

议一议

请选取前面欣赏的一部作品的片段，谈谈对有声语言的感受，并与同学和老师交流。

找一找

试找出下面作品中音节整齐、平仄安排得当及押韵的地方。

　　　　轻轻地叫一声　爸爸妈妈

　　　　我为你送上一杯热茶

　　　　辛辛苦苦你又一天　要让那快乐都祈祷他

轻轻地叫一声　爸爸妈妈

我为你送上一束鲜花

忙忙碌碌又一载　要让你拥抱青春年华

亲爱的爸爸妈妈呀

你的微笑是我梦中的童话

亲爱的爸爸妈妈呀

你忘却了自己　含辛茹苦把我养大

亲爱的爸爸妈妈呀

你的汗淌是我心中的牵挂

亲爱的爸爸妈妈呀

你安心　我要永远永远报答

我要永远永远报答

——《爸爸妈妈》

演讲稿

镜子与我

我很喜欢照镜子。记得小时候，我经常踮着脚尖想从差不多和我一样高的梳妆台上的镜子里看自己的脸。现在，我仍喜欢照镜子。而这时，梳妆台对我来说已经太低了。当我弯下腰的时候，我在镜子里看到一张年轻的脸庞，那张脸上既带有逐渐长大的成熟美，又带着对未来的自信，还有深邃的沉思。

其实我喜欢照镜子，是因为我的奶奶，小时候我一直跟她住在一起。我清楚地记得有天晚上我听到她喃喃地说："女人看不得，女人看不得。"第二天，我疑惑不解地照镜子，看看我是否真切地看到我自己。直到现在，我才明白那句话的含义。

奶奶起早贪黑一辈子都在为家里操劳忙活。她给她的丈夫和十个子女做饭，但当有客人的时候，她和家庭中其他女成员就不得不躲在小厨房的煤火旁去吃饭。在家庭讨论的时候，没有人征求她的意见。爷爷过世后，她还得听大伯父的。年复一年的日夜劳累，作为女儿、妻子和母亲，她任劳任怨，兢兢业业。然而，作为一个人，她却没有自己的自主权。尽管她能从镜子中看到她自己，但她从不能从社会的镜子中看到她自己。

我的生活和奶奶的完全不同。在家里，我和家里的其他成员一起作决定；在学校，我常常主持各种各样的活动，和其他男女生一样。不仅如此，我还能够做到奶奶做梦也想不到的事——那就是决定我自己的未来。我的生活就是一组决定。高中毕业后，我可以从好几个大学中选择自己喜欢的。在大学里，我可以从英国文学到经济法等一系列科目中进行选修。如今，在毕业前夕，我又一次面临着作决定的时刻——是继续深造还是参加工作，是留在中国还是到国外留学，是马上嫁人还是再过一段单身生活？

不管我会不会出人头地、腰缠万贯，这都无关紧要。但是，我将会珍惜每一个能够展示自己潜能的机会，帮助社会中的其他女性发掘她们的潜力，在历史的镜子前充分显露出来。我之所以珍惜这一切，是因为它是经过我的奶奶、妈妈及成千上万的中国妇女数十年的不懈斗争后才能享受到的。

然而，要创造这样的机会，对我们这代人来说是一个巨大的挑战。男人比女人优越的错误观念仍然影响着很多人。当男人们被鼓励去抗争、去维护自己的时候，我们女人却被期望安分守己、三从四德，被期待做一个好妻子和好母亲。

奶奶和我的镜子的故事，以及成千上万的中国妇女的生活现状，大概世界上其他地方也有。她们中有很多人都过着和奶奶一样的生活，她们的价值还没有被认识到。努力工作和奋斗使她们也能在社会的镜子中看到自己以及被社会所认知。

这是我的一个梦。我相信这个梦不仅会被我们的奶奶、妈妈和姐妹们所分享，而且会被我们的父亲、兄弟、丈夫和男同胞们所分享。

妇女实际为社会做着与男人同样的贡献，她们应该拥有与男人一样的选择机会和自主权力。当每个人都充分认识到这一点时，我的梦就会成为现实。

妇女顶着半边天。

——江苏刘欣作，河南青闰、冬梅译

（作者系南京大学学生，于1996年5月赴英国参加世界学生英语演讲比赛，荣获比赛第一名。本文是作者在英国获奖演讲辞的中文译文，此处有删改。）

第二节

我们的共同语——普通话

一 共同语与方言

共同语，是一个民族共同使用的语言。方言，是局部地区的人们使用的语言。

问题一

我们这个民族有自己的共同语吗？从什么时候开始有的？

（一）雅言

语言的发展变化与社会时代的发展变化息息相关，不同的社会与时代对语言的规范和标准有着不同的要求。据史料记载，雅言是形成于西周时期，以周朝的国都丰镐一带的语言为标准的语言。

孔子是一位伟大的教育家，他的弟子有三千人之众。据《史记·仲尼弟子列传》记载，孔子的弟子除鲁国人外，还来自齐国、卫国、吴国、陈国、宋国、楚国、晋国和秦国等诸侯国。地域的阻隔造成了语言的差异，弟子们各操方言，给教学造成了语言障碍。针对这种情况，孔子提倡学习、使用西周的规范语言——雅言，他模范地贯彻自己的主张，并言传身教，带头说雅言。孔子用规范的标准语言授课，对普及雅言起到了重大作用。

问题二

方言知多少？

（二）方言

在汉语中有着许多方言，这些方言与普通话之间存在着明显的差异。在一些地区，相隔十几公里的居民的语言，就已经难以沟通，甚至还有在同一个城市，城南城北居民的语言也不能互通的情况。

目前，汉语方言的分布可以划作七大方言区（见表1-1）。

表1-1

方　言	主要分布区域	代表语言
北方方言	以黄河流域为中心，分布在东北、长江流域中部、西南	北京话
吴方言	上海地区、江苏省东南部、浙江省大部分地区	上海（苏州）话
湘方言	湖南省	长沙话
赣方言	江西省	南昌话
客家方言	福建、广东、广西、江西、台湾	梅州话
闽方言	福建、台湾、广东、潮汕、海南岛	闽北：福州话 闽南：厦门话
粤方言	广东中部、广西中南部	广州话

普通话

（一）普通话的形成

普通话是在一种方言的基础上形成的，它的形成与经济、政治的集中分不开。

1. 政治、经济影响

金元以来，几个历史朝代（辽、金、元、明、清）都建都北京，北京是我国政治、经济和文化的中心。由于政治、经济的集中，北京话的影响逐渐显著，其地位日益重要。北京话作为官府的通用语言传播到了全国各地，发展成为"官话"，"官话"便逐渐成了各方言区之间共同使用的交流工具。可见，远在数百年以前，以北京话为代表的北方方言在整个社会中就已经处于非常重要的地位，这使北方方言成了汉民族共同语的基础方言。

2. 文化传播

宋元以来，用白话写作的文学作品很多，有话本、戏曲，还有影响较大的小说，如《水浒传》《西游记》《儒林外史》《红楼梦》等，这些白话文学作品都是用北方方言写成的，特别是元明戏曲，更多地接受了北京话的影响。这些作品的流传，加速了北方方言的推广。

3. 其他的推动

到了 20 世纪，特别是"五四"运动时期，随着我国资本主义的发展，民主革命运动的高涨，一方面，掀起了"白话文运动"，动摇了文言文的统治地位，为最后在书面上取代文言文创造了条件；另一方面，开展了"国语运动"，又在口语方面增强了北京话的代表性，促使北京语音成为全民族共同语的标准音。因而这一时期，北京话又称"国语"。这两个运动互相推动、互相影响，使书面语和口语接近起来。

中华人民共和国建立后，由于国家的统一，人民的团结，经济和文化的发展，对民族共同语的进一步统一和规范化，有了更高的要求。因此，在党和政府的领导下，中国科学院于 1955 年在北京召开了现代汉语规范问题学术会议。会上确定，把现代汉民族共同语称为"普通话"。"普通话"即普遍通行之话，并且规定了普通话的科学含义。

（二）普通话的概念

普通话是以北京语音为标准音，以北方话为基础方言，以典范的现代白话文著作为语法规范的现代汉民族共同语。

这个定义阐明了普通话的科学含义——

语音标准： 以北京语音为标准音

词汇标准： 以北方话为基础方言

语法标准： 以典范的现代白话文著作为语法规范

理解普通话的这三个标准要注意以下三点：

（1）普通话以北京语音为标准音，但不能把北京话等同于普通话。作为规范标准的"北京语音"，指的是北京的语音音系，即北京语音的声、韵、调系统和北京的字音。这是一个整体上的标准，并非北京话里的任何一个语音成分都是规范的、标准的。学习普通话语音，一定要去掉北京方音中的土语土音。

VS 请比较读音

侵 qǐn 略（北京方言）　　——侵（qīn）略（普通话）

教室 shǐ　　　　　　　——教室（shì）

伪劣 lüè　　　　　　　——伪劣（liè）

（2）普通话以北方话为基础方言，但不能把方言词语的声调仅仅变读为普通话声调，而要把它们转换成相应的普通话词语。

 **请将下列词语转换为普通话词语**

海椒　　相因　　庙子　　高头　　包包儿　　"颠儿"

（3）普通话以典范的现代白话文著作为语法规范，方言中语法关系与普通话有差异的，要纠正过来。

说一说

一匹山　　一杆笔　　一根蛇　　打一头　　飞烫　　捉倒起　　吃烟

"来得到不？"　　"走都走了。"　　"跳不来舞。"　　"头里走"　　"言语一声啊"

（三）普通话学习的阶梯

方言区的人学习普通话，要遵循循序渐进的原则，根据自己原有普通话水平的高低，由易到难，由低到高，一个一个解决所碰到的问题。

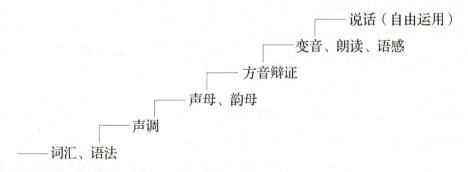

三 普通话考级

普通话水平测试一律采用口试方式进行。应试人在运用普通话口语进行表达过程中所表现的语音、词汇、语法规范程度，是评定其所达到的水平等级的重要依据。根据国家语言文字工作委员会、国家教育委员会、广播电影电视部《关于开展普通话水平测试工作的决定》，制定《普通话水平测试实施办法（试行）》，普通话考级依据此办法。

（一）普通话水平测试委员会

第一条　普通话水平测试工作在国家普通话水平测试委员会的领导下，根据统一的标准和要求，在规定的范围内逐步开展。

第二条　各省（自治区、直辖市）应组建省级普通话水平测试委员会和普通话培训测试中心。中央人民广播电台、中央电视台以及具备条件的国家部委直属师范、广播、电影、戏剧等高等院校，经国家普通话水平测试委员会批准，可以成立本单位的普通话水平测试委员会，负责本单位的普通话水平测试工作。省级和部委直属单位的测试委员会接受国家普通话水平测试委员会的领导。

第三条　在普通话水平测试委员会和培训测试中心成立前，省（自治区、直辖市）内的测试工作在省（自治区、直辖市）语委、教委和广播电视厅的统一领导下进行。

（二）普通话水平等级标准和《测试大纲》

第四条　普通话水平划分为三级六等，级和等实行量化评分。

《普通话水平测试等级标准（试行）》（国语〔1997〕64 号）把普通话水平分为三个级别（一级可称为标准的普通话，二级可称为比较标准的普通话，三级可称为一般水平的普通话），每个级别内划分甲、乙两个等次。三级六等是普通话水平测试中评定应试人普通话水平等级的依据。

一级（标准的普通话）

一级甲等（测试得分：97 ～ 100 分）朗读和自由交谈时，语音标准，词语、语法正确无误，语调自然，表达流畅。

一级乙等（测试得分：92 ～ 96.99 分）朗读和自由交谈时，语音标准，词语、语法正确无误，语调自然，表达流畅。偶然有字音、字调失误。

二级（比较标准的普通话）

二级甲等（测试得分：87 ～ 91.99 分）朗读和自由交谈时，声韵调发音基本标准，语调自然，表达流畅。少数难点音有时出现失误。词语、语法极少有误。

二级乙等（测试得分：80 ～ 86.99 分）朗读和自由交谈时，个别调值不准，声韵母发音有不到位现象。难点音失误较多。方言语调不明显。有使用方言词、方言语法的情况。

三级（一般水平的普通話）

三级甲等（测试得分：70 ～ 79.99 分）朗读和自由交谈时，声韵母发音失误较多，难点音超出常见范围，声调调值多不准。方言语调较明显。词语、语法有失误。

三级乙等（测试得分：60 ～ 69.99 分）朗读和自由交谈时，声韵调发音失误多，方音特征突出。方言语调明显。词语、语法失误较多。外地人听其谈话有听不懂的情况。

第五条　普通话水平测试工作按照国家语委组织审定的《普通话水平测试大纲》统一测试内容和要求。

（三）应试人员

第十一条　1946年1月1日以后出生，年满18岁（个别可放宽到16岁）的下列人员应接受普通话水平测试：

（1）中小学教师；

（2）中等师范学校教师和高等院校文科教师；

（3）师范院校毕业生（高等师范院校，首先是文科类毕业生）；

（4）广播、电影、电视、戏剧，以及外语、旅游等高等院校和中等职业学校相关专业的教师和毕业生；

（5）各级广播电台、电视台的播音员、节目主持人；

（6）从事电影、电视剧、话剧表演和影视配音的专业人员；

（7）其他应当接受普通话水平测试的人员和自愿申请接受普通话水平测试的人员。

第十二条　现阶段对一些岗位和专业人员的普通话等级要求：

（1）教师和师范院校毕业生应达到二级或一级水平，语文学科教师应略高于其他学科教师的水平。

（2）专门从事普通话语音教学的教师和从事播音、电视、电视剧、话剧表演、配音的专业人员，以及相关专业的毕业生应达到一级甲等或一级乙等水平。

（四）普通话等级证书

第十三条　普通话等级证书由省（自治区、直辖市）培训测试中心或部委直属单位普通话水平测试委员会颁发。

第十四条　普通话等级证书全国统一格式，由各省（自治区、直辖市）分别编号。

第十五条　测试评定的普通话一级甲等，需分批报国家语委普通话培训测试中心复审。复审比例为：10名以内复审1/3，11～50名以内复审1/5，51名以上复审1/10。复审后，在国家语委普通话培训测试中心备案，省（自治区、直辖市）普通话培训测试中心注册。证书由国家语委普通话培训测试中心盖章后，由省（自治区、直辖市）普通话培训测试中心颁发。

测试评定的一级乙等，在省（自治区、直辖市）普通话培训测试中心注册，在国家语委普通话培训测试中心备案，必要时得由国家语委普通话培训测试中心抽查，然后由省（自治区、直辖市）普通话培训测试中心颁发证书。

测试评定的二级甲、乙等，报省（自治区、直辖市）普通话培训测试中心备案并发证书。

测试工作的重点是工作和学习需要普通话水平应达到一级或二级的人员。普通话三级水平测试由各地按照测试标准和大纲的要求，根据各地的情况和工作的需要组织进行。

第十六条　未进入规定等级或要求晋升等级的人员，需在前次测试 5 个月之后方能提出受试申请。

（五）测试方法

经报名核准后，应试者应在规定的日期，凭本人的准考证和身份证，进入指定的考场，并按指定试卷上的内容进行测试。每个试场有 2~3 位测试员负责对应试者的普通话水平进行判定。总时间在 15 分钟左右。首先抽签朗读作品和说话题目，约 10 分钟的准备时间，进入考场后首先报自己的单位、姓名，然后按照四项（五项）内容先后进行测试：100 个单音节字词、50 个双音节词语、（判断测试）、作品朗读、说话。测试全程录音，测试完成后方可离开测试现场，一周左右可进行成绩查询，并得到相应的普通话水平等级证书。

（六）试卷构成及评分标准

普通话水平测试试卷由四个测试项构成，总分为 100 分。

（1）读单音节字词 100 个。主要考查应试人普通话声母、韵母和声调的发音。

要求：100 个音节里，每个声母出现一般不少于 3 次，方言里缺少的或容易混淆的酌量增加 1~2 次；每个韵母的出现一般不少于 2 次，方言里缺少的或容易混淆的韵母酌量增加 1~2 次。字音声母或韵母相同的要隔开排列。不使相邻的音节出现双声或叠韵的情况。

评分：此项成绩占总分的 10%，即 10 分。读错一个字的声母、韵母或声调扣 0.1 分。读音有缺陷每个字扣 0.05 分。一个字允许读两遍，即应试人发觉第一次读音有口误时可以改读，按第二次读音评判。

限时：3 分钟。超时扣分（3~4 分钟扣 0.5 分，4 分钟以上扣 0.8 分）。

读音有缺陷只在 1 读单音节字词和 2 读双音节词语两项记评。读音有缺陷在 1 项内主要是指声母的发音部位不准确，但还不是把普通话里的某一类声母读成另一类声母，比如舌面前音 j、q、x 读得太接近 z、c、s；或者是把普通话里的某一类声母的正确发音部位用较接近的部位代替，比如把舌面前音 j、q、x 读成舌叶音；或者读翘舌音声母时舌尖接触或接近上腭的位置过于靠后或靠前，但还没有完全错读为舌尖前音等；韵母读音的缺陷多表现为合口呼、撮口呼的韵母圆唇度明显不够，语感差；或者开口呼的韵母开口度明显不够，听感性质明显不符；或者复韵母舌位动程明显不够等；声调调形、调势基本正确，但调值明显偏低或偏高，特别是四声的相对高点或低点明显不一致的，判为声调读音缺陷；这类缺陷一般是成系统的，每个声调按 5 个单音错误扣分。1 和 2 两项里都有同样问题的，两项分别都扣分。

（2）读双音节词语50个。主要考查应试人声、韵、调及上声变调、儿化韵和轻声的读音。

要求：50个双音节可视为100个单音节，声母、韵母的出现次数大体与单音节字词相同。此外，上声和上声相连的词语不少于2次，上声和其他声调相连不少于4次；轻声不少于3次；儿化韵不少于4次，词语的排列要避免同一测试项的集中出现。

评分：此项成绩占总分的20%，即20分。读错一个音节的声母、韵母或声调扣0.2分。读音有明显缺陷，每次扣0.1分。

限时：3分钟。超时扣分（3~4分钟扣1分，4分钟以上扣1.6分）。

读音有缺陷所指的除跟1项内所述相同的以外，儿化韵读音明显不合要求的应列入。1和2两项测试，其中有一项或两项分别失分在10%的，即1题失1分，或2题失2分即判定应试人的普通话水平不能进入一级。应试人有较为明显的语音缺陷的，即使总分达到一级甲等也要降等，评定为一级乙等。

（3）400字短文朗读。朗读从《测试大纲》第五部分朗读材料（1~50号）中任选。主要考查应试人用普通话朗读书面材料的能力，重点考查语音、语调、语流音变等。

计分：此项成绩占总分的30%。即30分。对每篇材料的前400字（不包括标点）做累积计算，每次语音错误扣0.1分，漏读一个字扣0.1分，不同程度地存在方言语调一次性扣分（问题突出扣3分；比较明显，扣2分；略有反映，扣1.5分）。停顿、断句不当每次扣1分；语速过快或过慢一次性扣2分。

限时：4分钟。超过4分30秒以上扣1分。

说明：朗读材料（1~50）各篇的字数略有出入，为了做到评分标准一致，测试中对应试人选读材料的前400个字（每篇400字之后均有标志）的失误做累计计算；但语调、语速的考察应贯穿全篇。从测试的要求来看，应把提供应试人做练习的50篇作品作为一个整体，应试前通过练习全面掌握。

（4）说话。主要考察应试人在没有文字凭借的情况下，说普通话的能力和所能达到的规范程度。以单向说话为主，必要时辅以主试人和应试人的双向对话。单向对话：应试人根据抽签确定的话题，说4分钟（不得少于3分钟，说满4分钟主试人应请应试人停止）。评分：此项成绩占总分的30%，即30分。

其中包括：

（1）语音面貌占20%，即20分。其中档次为：

一档20分，语音标准。

二档18分，语音失误在10次以下，有方音不明显。

三档 16 分，语音失误在 10 次以下，但方音比较明显；或方音不明显，但语音失误在 10 ~ 15 次。

四档 14 分，语音失误在 10 ~ 15 次，方音比较明显。

五档 10 分，语音失误超过 15 次，方音明显。

六档 8 分，语音失误多，方音重。

语音面貌确定为二档（或二档以下），即使总积分在 96 以上，也不能入一级甲等；语音面貌确定为五档的，即使总积分在 87 分以上，也不能入二级甲等；有以上情况的，都应在等内降等评定。

（2）词汇语法规范程度占 5%。计分档次为：

一档 5 分，词汇、语法合乎规范；

二档 4 分，偶有词汇或语法不符合规范的情况；

三档 3 分，词汇、语法屡有不符合规范的情况。

（3）自然流畅程度占 5%，即 5 分。计分档次为：

一档 5 分，自然流畅；

二档 4 分，基本流畅，口语化较差（有类似背稿子的表现）；

三档 3 分，语速不当，话语不连贯；说话时间不足，必须主试人用双向谈话加以弥补。

试行阶段采用以上评分办法，随着情况的变化应适当增加说话评分的比例。

（七）考试内容及注意事项

第一题：

考试内容为单字的声、韵、调的标准。

注意事项有：

（1）声韵母要标准。分清平翘舌、边鼻音和前后鼻韵母。

（2）声调调值要标准。分清阴平、阳平、上声、去声的调值。

第二题：

考试内容为轻声、儿化、变调及词语轻重音格式。

注意事项有：

（1）要注意音节的轻重格式。

（2）轻声、儿化要标准。

（3）上声及一、不变调要明确。

第三题：

考试内容为声、韵、调的标准，词语轻重格式，轻声、儿化、变调及啊的变读等音变现象，朗读的基本技巧。注意事项有：

（1）字音要清晰，标准。

（2）语音流畅、自然。

（3）要注意各种音变现象的发音。

（4）不可跳读、漏读、回读、误读。

第四题：

考试内容为前三道题考试内容的综合运用。

注意事项有：

（1）以单项说话为主，要有话可说。

（2）语音标准、语速适当。

（3）用词规范得体、表意清晰易懂。

（4）语调自然流畅。

（5）说满3分钟

（1）推广普通话就是不让说方言吗？

（2）你的普通话水平如何？学习普通话，你准备从哪里入手？

议一议

（1）为什么普通话学习的阶梯要求要把"词汇语法"的学习放在第一步？

（2）你的专业是什么？国家对于与你的专业相关的行业从业人员普通话水平达标要求是什么？你怎么看？

试一试

读一读下面的普通话水平测试样卷，请同学或老师听听，看你的完成情况如何。

附录1　**普通话水平测试模拟样卷**

第一题：单字部分

枚	怀	榛	池	瓜	一	剿	驯	稳	脓
赛	漏	娶	穿	座	馆	支	丝	下	沤
竟	话	零	床	鬼	撬	叵	钠	歇	劈
救	梦	冬	筋	裹	桩	审	株	腆	喝
聚	秒	败	登	壶	穴	骗	纽	浙	提
军	膜	北	越	党	藤	请	探	邵	拖
磕	兹	蚕	恩	在	选	生	帷	哄	映
盔	捻	岔	祠	麟	咆	驶	腕	豁	蚌
耘	桉	尝	簇	膳	造	书	邀	券	燥
脸	棋	陲	裆	铍	窄	夭	侩	抢	囊

第二题：词语部分

哨卡	非常	损伤	历史	改进	停止	磨灭	收获	含糊	状态
病菌	雕刻	个头儿	媒介	恒星	寻求	决算	亲昵	爷儿们	动员
缺乏	人家	演说	阿姨	显影	愉快	挂号	扳子	出入	衰老
保存	矿藏	海参	交流	奶水	凶狠	刀片儿	坐等	贯彻	宣传
想象	菊花	差别	有趣	空中	梗塞	围脖儿	招牌	比邻	开明

第三题：朗诵

三十年代初，胡适在北京大学任教授。讲课时他常常对白话文大加□□□□只喜欢文言文而不喜欢白话文的学生的不满。

一次，胡适正讲得得意的时候，一位姓魏的学生突然站了起来，生气地问："胡先生，难道说白话文就毫无缺点吗？"胡适微笑着回答说："没有。"那位学生更加激动了："肯定有！白话文废话太多，打电报用字多，花钱多。"胡适的目光顿时变亮了。轻声地解释说："不一定吧！前几天有位朋友给我打来电报，请我去政府部门工作，我决定不去，就回电拒绝了。复电是用白话写的，看来也很省字。请同学们根据我这个意思，用文言文写一个回电，看看究竟是白话文省字，还是文言文省字？"胡教授刚说完，同学们立刻认真地写了起来。

十五分钟过去，胡适让同学举手，报告用字的数目，然后挑了一份用字最少的文言电报稿，电文是这样写的：

"才疏学浅，恐难胜任，不堪从命。"白话文的意思是：学问不深，恐怕很难担任这个工作，不能服从安排。

胡适说，这份写得确实不错，仅用了十二个字。但我的白话电报却只用了五个字："干不了，谢谢！"

胡适又解释说："干不了"就有才疏学浅、恐难胜任的意思；"谢谢"既对朋友的介绍表示感谢，又有拒绝的意思。所以，废话多不多，并不看它是文言文还是白话文，只要注意选用字词，白话文是可以比文言文更省字的。

——节选自陈灼主编《实用汉语中级教程》（上）中《胡适的白话电报》

第四题：说话（说满 3 分钟）

（任选一题）

A. 我的愿望

B. 谈服饰

附录 2   普通话水平测试流程图

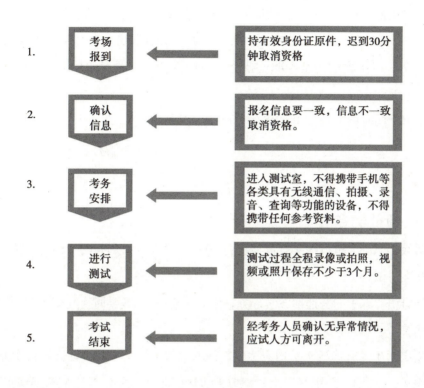

1. 考场报到 ← 持有效身份证原件，迟到30分钟取消资格

2. 确认信息 ← 报名信息要一致，信息不一致取消资格。

3. 考务安排 ← 进入测试室，不得携带手机等各类具有无线通信、拍摄、录音、查询等功能的设备，不得携带任何参考资料。

4. 进行测试 ← 测试过程全程录像或拍照，视频或照片保存不少于3个月。

5. 考试结束 ← 经考务人员确认无异常情况，应试人方可离开。

附录 3   职业中学普通话教学基本要求

（1996年9月26日国家教育委员会、国家语言文字工作委员会发布）

国务院国发〔1992〕63号文件、国家教委教办〔1991〕522号文件对职业中学的幼师类、文秘类、公共服务类专业开设普通话课程均有明确规定。国家语委、国家教委国语〔1993〕68号文件还指出："必须加强职业中学普及普通话的工作。要把掌握和使用普通话纳入职业中学的培养目标，作为职业技能训练的一项重要内容，使学生的普通话水平能够适应未来职业的需要。"为此，特制定《职业中学普通话教学基本要求》，以下简称为"要求"。

职业中学各专业的普通话教学属于基本技能训练课，必须列入专业基本技能类的必修课。

本《要求》针对职业中学的师范类专业、与口语表达密切相关的专业和一般专业分别提出不同要求。

师范类专业包括幼儿师范、体育师范、艺术师范、普通师范等师范专业。

与口语表达密切相关的专业包括文秘、法律、警察、财会、金融、税务、经贸、工商管理、邮电和交通服务、医护、商业营销、广告、旅游、外事服务、餐厅客房服务等为社会各界直接服务，口语表达为基本职业技能之一的专业；一般专业指上述专业以外的各类专业。

本《要求》同时供中等专业学校、技工学校参照执行。

一 教学基本要求

（一）师范类专业

普通话教学原则上执行国家教育委员会 1993 年 3 月 8 日颁布的《师范院校"教师口语"课程标准（试行）》。

"教师口语"课中的普通话教学部分，课时不得少于 36 学时，宜安排在新生入学后第一个学期。

毕业年级学生的普通话水平均应达到二级乙等以上，其中北方话区学校毕业年级学生应有 40% 以上达到二级甲等以上，南方方言区学校毕业年级学生应有 20% 以上达到二级甲等以上。

（二）与口语表达密切相关的专业

学生毕业时应会说流畅的普通话，不必要求学生掌握系统的普通话理论知识。具体要求是：

（1）正确读出普通话的声母、韵母、声调和 400 个基本音节，熟练掌握《现代汉语常用字表》中的 2 500 个常用字和 1 000 个次常用字的读音；能用比较标准的普通话流畅、有感情地朗读课文；做有准备的发言时，语句通顺流畅，词汇、语法很少有误，语音失分率在 20% 以下；自由交谈时，普通话比较流畅。

（2）学生能了解本地人学习普通话的主要难点，基本上能够辨别方音、纠正误读。

（3）学生在教学、集体活动和专业实践中，全部使用普通话；在校内各种场合自觉地使用普通话。

（4）毕业年级学生的普通话水平均应达到二级乙等以上，其中北方话区学校毕业年级学生应有 40% 以上达到二级甲等以上，南方方言区学校毕业年级学生应有 20% 以上达到二级甲等以上。

（三）一般专业

（1）比照与口语表达密切相关的专业的基本要求，适当放宽，对学生进行普通话口语教学和训练。

（2）学生在教学、集体活动和专业实践中，全部使用普通话；在校内各种场合自觉地使用普通话。

（3）毕业年级学生的普通话水平均应达到三级甲等以上。

二 普通话教学应注意的问题

（1）普通话教学、训练必须同专业需求紧密结合。除师范类专业原则上执行师范院校的统一要求外，职业中学各专业普通话教学、训练在国家制定统编教材前，暂由省、市根据专业需求和本地方言特点，自行选定或自编讲授教材和训练教材。在教学过程中，除讲授必要的普通话知识外，还应讲授国家语言文字工作的方针政策。

（2）普通话原则上应单独设课，也可以根据实际情况，在语文课和有关专业课中加强普通话口语训练。

（3）职业中学的普通话课是职业技能训练课，在传授必要知识的基础上，重在通过课堂教学、课外活动和专业实习等各种途径，采取多种形式，提高学生的普通话口语能力，培养学生的自学习惯。

（4）强化考核环节。中华人民共和国国家教育委员会《关于全国教育系统进一步加强语言文字规范化工作的通知》（教办〔1991〕522 号）规定："各级各类师范学校和职业高中幼师类、文秘类、公共服务类（旅游、商业、服务等）专业都要开设普通话课程，普通话不合格的毕业生，应进行补课和补考，待补考合格后，再发给毕业证书。"职业中学的师范类专业和与口语表达密切相关的专业要严格执行这个规定。提前达到普通话等级要求的学生可免修普通话课。

CHAPTER 2

第 二 章
普通话语音基础

学习指导

　　拥有好听的声音、纯正的发音是令人羡慕的，而天生就拥有这两者的人是很少的，大多数的人都是需要通过后天不断学习来获得的。通过学习，你将了解标准普通话发音要领，为进一步提升语言表达能力打好坚实的基础，"字正腔圆"会让你开口更加自信。你准备好了吗？让我们出发吧！

学习目标

1. 了解发声原理，掌握科学发声方法和技巧，养成良好用嗓的习惯。

2. 了解普通话声调、声母、韵母的发音要领，并能清晰、准确地发音。

3. 能坚持发音练习，养成持之以恒的学习习惯。

认识你的声音

问题思考

1. 你认为自己的声音好听吗？
2. 你说普通话时声音会变得更令人愉快一些吗？
3. 你会注意你的嗓音情况吗？
4. 你知道用什么方法可以让你的嗓音更好听吗？

一 声音是怎样发出来的

（一）发音系统

我们每天都在说话，但你知道人的声音是怎样发出来的吗？人的声音是通过发音系统的一系列运动作用而形成的。人的发音系统主要包括呼吸系统、声源系统、成音系统。

（1）呼吸系统包括肺和气管，它是发音的动力部位，呼吸系统良好，声音就会自如。

（2）声源系统主要指声带，它控制着声音的高低以及声音的特色。声带薄，声音相对高而细；反之，低而沉。

（3）成音系统包括口腔里与发音有关的器官，包括舌头、牙齿、嘴唇等，它直接影响发音的清晰度。声源系统和成音系统是直接影响我们发音质量最重要的系统。（图2-1）

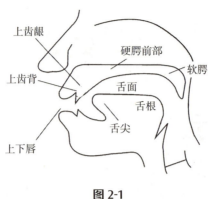

图 2-1

（二）发音部位

发音部位指的是气流在口腔中受到阻碍的地方。一般来说，我们发音时气流容易在唇、齿、舌、腭等部位受到阻碍。发音的过程就是气流受到阻碍后再解除阻碍的过程，如果阻碍的部位不准确，就会影响发音的准确性。因此，掌握好发音部位是学习普通话语音的关键。如："拉"的发音关键部位在上齿龈，气流在舌尖与上齿龈处受到阻碍，当舌尖离开上齿龈的瞬间，解除阻碍，气流顺势而出，"拉"音清晰发出。

1. 听听其他同学的声音，请说说自己的感受。
2. 请用自己的语言描述一下发音过程，并举例说明。

嗓音保护策略

声带是人发声的重要器官，在人体中属于一个很小的器官，正是由于它不起眼，即使有一些小问题也常常被人们忽略，久而久之，有些人就变成"烟嗓、哑嗓"了，严重的甚至会影响到生活和工作。因此，养成良好的用嗓习惯，保护好嗓子非常重要。

（一）怎样发现自己的声带及发声有问题

（1）说话时较费力，必须用力说才能扩大音量，让人听清楚。

（2）说话时声音嘶哑、喉咙疼痛。

（3）说话非常吃力，用劲说时声音也时有时无。

（4）长时间说话后，嗓子沙哑。

（二）嗓音保护策略

（1）尽量少吃酒、烟、辛辣食品等有刺激性的东西。

（2）用嗓时不吼叫，大声用嗓时间不宜过长，养成良好的用嗓习惯。

（3）女孩子在生理期，要注意保暖，谨防感冒。

（4）在剧烈运动后不宜立即吃冰凉的饮品。

（5）发现嗓子不舒服时要及时就医，尽量小声说话，严重时应禁声。

（6）感冒时，特别是咳嗽较厉害时，应尽量忍住不咳，因为剧烈咳嗽会振动声带，使声带发炎，甚至充血，从而导致失声，可用张开嘴吸气的方法来减缓。

（7）加强体育锻炼，注意饮食健康，增强体质，减少声带疾病的发生。

（8）学会用正确的发音方法进行发音。

1. 说说自己的用嗓习惯，反思一下自己有哪些不良的用嗓习惯。

2. 请用不同的词语形容你听到他人的声音状态。

3. 尝试向用嗓不正确的同学宣传嗓音保护知识。

三 正确的发音方法

（一）呼吸方法

不同的人有不同的嗓音，有的人嗓音天生好听，有的则不太好听，学会正确的发音方法，能使嗓音变得更好听。

呼吸是发声的动力，当气息呼出、振动声带，声音就发出来了，没有气息就发不出响亮的声音。

通常人体的呼吸方式主要有胸式呼吸、腹式呼吸、胸腹式联合呼吸三种。胸式呼吸是以肋间肌运动为主，是呼吸时胸廓扩张较明显的一种呼吸运动；腹式呼吸是通过加大横膈膜的活动、减少胸腔的运动来完成的；胸腹式联合呼吸即胸腔、横膈肌、腹肌联合控制气息，这种呼吸活动范围大，伸缩性强，具有操纵和支持声音的能力，为气息均衡、平稳呼吸提供了条件。胸腹式联合呼吸能更轻松地说话，声音能更响亮、圆润、持久。其基本要求如下：

（1）姿势要求：精神饱满，两眼平视前方，两肩放松，挺直腰部，身体微微向前倾，双手自然下垂。如是站立姿势，则双脚呈"丁"字状或稍分开站稳，重心落在双脚上；如是坐姿，则坐在凳子的1/3处。

（2）吸气要求：兴奋地像闻花香一样做深呼吸，这时你会感到腰部有膨胀感。注意不要吸得太满。

（3）呼气要求：均匀地、缓慢地呼出。

（二）共鸣的方法

当你在空旷的房间里大声说话或歌唱时，会发现自己的音量比原来扩大了，声音比原来好听了，这种现象就是共鸣。共鸣指发音体因受到与本身振动频率相同的音波影响，产生自然发音的现象，我们这里讲的共鸣是指人体的头腔、口腔、鼻腔、胸腔等就像一个天然的共鸣腔体，当声带振动时如能把气流送到各个腔体，产生共振，声音就能变得更洪亮、圆润、有穿透力，从而产生共鸣。

我们说话时常用的是口腔共鸣。发音前，口腔自然打开，感觉嘴角上抬，大牙打开了，笑肌也提起来了，下腭自然放下，口腔有一定的控制力；发音时，感觉把气息聚集成一条声束，打到硬腭上，甚至眉心处，声音结实、圆润。这种状态与生活中说话的状态有一定的区别。

（三）吐字归音要领

吐字归音，是中国传统戏曲声乐艺术的一种发音方法。它根据汉语语音特点，将一个音节的发音过程分为三个阶段：出字、立字、归音。通过对每一阶段的精心控制，使吐字达到清晰有力、珠圆玉润的境界。

1. 韵母的结构

根据韵母的结构可分为韵头、韵腹、韵尾三部分。

韵腹：韵母里的主要元音。在一个音节里开口度最大，发音最响亮的元音。一个音节可以没有声母、韵头、韵尾，但不能没有韵腹和声调。

韵头：韵腹前的元音，充当韵头的元音仅限于韵腹前的 i、u、ü。

韵尾：韵腹后的元音或鼻辅音（n、ng）。

我们在音节结构表（表2-1）中了解字音的结构；音节的结构分析必须还原韵母的原始状态，不能用省写形成。

表 2-1

例字	结构				
	声母	韵头	韵腹	韵尾	声调
欢（huān）	h	u	ā	n	阴平
博（bó）	b	—	o	—	阳平
文（wén）	—	u	e	n	阳平
球（qiú）	q	i	o	u	阳平
句（jù）	j	—	ü	—	去声
象（xiàng）	x	i	a	ng	去声

注意：音节的结构分析必须还原韵母。

2. 吐字归音要领

发音过程如图2-2所示，清晰的发音分三个部分来完成，整个过程快捷而连贯，呈枣核状。也就是说中间韵腹的开口度和音量要大于两头（起音和结束部分）。

图 2-2

（1）出字阶段：声母、韵头是字音的着力点，一定要咬准，发音时能感觉到发音器官局部肌肉紧张的程度。特别要找准声母的发音部位及韵头的唇形，发音轻快而有弹力。

（2）立字阶段：韵腹是字音的中心和最长的部分，一定要发得响亮，即适当地扩大口腔。

（3）归音阶段：韵尾是字音的结束部分，一定要收好。口型逐渐缩小、放松。没有韵尾的字音，靠减弱音量来归音。归音要求干净、利落。

1.根据要求进行呼吸练习。

（1）吸气后保持一会儿，再缓慢地、均匀地发出"si"音，听到气息声。

（2）快吸气后，做吹蜡烛状，让气息均匀地呼出。

（3）吸一口气后，响亮、有节奏地数数："1，2，3，4，5，6，7，8……"直至第二次吸气。注意每次呼气时不要吐尽，要留二分，以保持气息的均匀。

（4）急口令（根据自己的能力找换气点，当气息有了一定的控制能力时，逐渐减少换气次数，减少停顿，最好能一口气说完）。

2.尽可能快速、清晰地读完以下内容，根据情况逐渐减少呼吸的次数。

出东门，过大桥，大桥底下一树枣儿，拿着杆子去打枣儿，青的多，红的少。一个枣儿，两个枣儿，三个枣儿，四个枣儿，五个枣儿，六个枣儿，七个枣儿，八个枣儿，九个枣儿，十个枣儿；十个枣儿，九个枣儿，八个枣儿，七个枣儿，六个枣儿，五个枣儿，四个枣儿，三个枣儿，两个枣儿，一个枣儿，一口气数完才算好。

——选自《数枣》

说刮风，就刮风，刮得男女老少难把眼睛睁，刮散了天上的星，刮平了地下的坑，刮化了坑里的冰，刮倒了坑外的松，刮飞了松上的鹰，刮走了鹰下的僧，刮灭了僧前的灯，刮乱了灯前的经，刮掉了墙上的钉，刮翻了钉上的弓。

——选自《刮风》

3.请根据要求进行共鸣练习：

（1）双唇轻闭，大牙打开，发"m——"。

（2）口腔打开，感觉向软腭后贴，发"a——"。

（3）口腔抬起发"ü——""i——"。

（4）读下列字音，体会打开口腔。

大 沙 象 发 广 两 雷 浪 冷 交 掉

4.根据吐字归音的要领，找出下列各字的声母、韵头、韵腹、韵尾，再读一读。

例字	声母、韵头	韵 腹	韵 尾	例字	声母、韵头	韵 腹	韵 尾
龙				节			
区				久			
包				装			
回				富			
鸣				雀			

5. 请运用正确的发音方法读下列诗句。

李白乘舟将欲行，忽闻岸上踏歌声。

桃花潭水深千尺，不及汪伦送我情。

——李白《赠汪伦》

独怜幽草涧边生，上有黄鹂深树鸣。

春潮带雨晚来急，野渡无人舟自横。

——韦应物《滁州西涧》

第二节

普通话的声调

问题思考
1. 你知道声调在语音中有什么作用吗？
2. 你发现普通话的声调在实际运用中有变化吗？
3. 你能否准确听辨并读准声调？

普通话语音特有的音高变化，使得语音听起来抑扬顿挫，具有音乐美，正如外国人所说："中国人说话像唱歌一样好听。"因此，声调的准确与否直接影响到语音的标准程度。

一 声调

（一）什么是声调

声调就是指音节高低升降的变化。一般地讲，一个汉字就是一个音节，因此，声调也可称为字调。普通话有四个调。（表2-2）

（1）调号：表示声调读音的符号。

（2）调类：把读音相同的字归在一类。即：阴平（一声）、阳平（二声）、上声（三声）、去声（四声）。

（3）调值：声调高低变化的实际读法。

表2-2

调号	调类	调值	例字
一	阴平	55	屋（wū）
／	阳平	35	无（wú）
∨	上（shǎng）声	214	午（wǔ）
＼	去声	51	雾（wù）

（二）声调的作用

声调有区别意义的作用。如：胜利（shènglì）、剩梨（shènglí）、生理（shēnglǐ）、省力（shěnglì）等都必须用声调来区别意义。

（三）声调的读音

语音学家通过研究，把人说话时的音调高低分成高、半高、中、半低、低五个音域，并用"五度标记法"来表示。（图2-3）

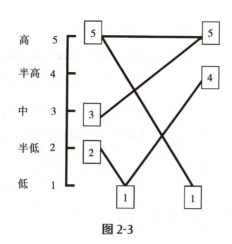

图 2-3

需要说明的是：五度的音高并不是绝对的音高，而是根据听觉来感知的相对音高，因此，需要在自己的调域内建立五度的音高概念，在不断地练习中得以巩固。

1. 一声

一声的起音至结束都在高音区（5—5）。

发音要领

起音要高，但不要超出自然音域，并保持到发音结束。

音频资料

听一听

苏（sū）	妈（mā）	花（huā）	八（bā）	霜（shuāng）
心（xīn）	轻（qīng）	丁（dīng）	说（shuō）	师（shī）
需（xū）	期（qī）	他（tā）	叉（chā）	刷（shuā）

念一念

春天（chūntiān）	八哥（bāge）	飞机（fēijī）
抽烟（chōuyān）	星空（xīngkōng）	车厢（chēxiāng）
诗歌（shīgē）	出租（chūzū）	消失（xiāoshī）
高超（gāochāo）	播音（bōyīn）	批发（pīfā）
佳音（jiāyīn）	村庄（cūnzhuāng）	吸收（xīshōu）
舒心（shūxīn）	机关枪（jīguānqiāng）	拖拉机（tuōlājī）

鸡冠花（jīguānhuā）　　松花江（sōnghuājāng）　　氨基酸（ānjīsuān）

喝杯咖啡（hēbēikāfēi）　　江山多娇（jiāngshānduōjiāo）

加工车间（jiāgōngchējiān）　　新屋出租（xīnwūchūzū）

春天花开（chūntiānhuākāi）　　珍惜光阴（zhēnxīguāngyīn）

公司通知（gōngsītōngzhī）　　飞机升空（fēijīshēngkōng）

青春光辉（qīngchūnguānghuī）

2. 二声

二声从中音区起音升到高音区结束（3—5）。

发音要领

声音由中音（3度）一直升到高音（5度），声音不能出现曲折。

听一听

纯（chún）　　容（róng）　　菊（jú）　　梅（méi）　　长（cháng）　　除（chú）

童（tóng）　　直（zhí）　　全（quán）　　床（chuáng）　　旁（páng）　　羊（yáng）

虫（chóng）　　白（bái）　　凉（liáng）　　墙（qiáng）　　雄（xióng）　　严（yán）

念一念

银行（yínháng）　　及格（jígé）　　船员（chuányuán）　　皮鞋（píxié）

来临（láilín）　　圆滑（yuánhuá）　　国旗（guóqí）　　能源（néngyuán）

文明（wénmíng）　　原则（yuánzé）　　严格（yángé）　　玲珑（línglóng）

贫乏（pínfá）　　从前（cóngqián）　　离别（líbié）　　和平（hépíng）

人民团结（rénmíntuánjié）　　学习农民（xuéxínóngmín）

儿童文学（értóngwénxué）　　连年和平（liánniánhépíng）

牛羊成群（niúyángchéngqún）　　蓬蓬勃勃（péngpéngbóbó）

人民银行（rénmínyínháng）　　农民犁田（nóngmínlítián）

圆形循环（yuánxíngxúnhuán）　　严格执行（yángézhíxíng）

3. 三声

三声从半低音区起音降到低音区再升到半高音区（2—1—4）。

发音要领

先学会读降调（2—1），然后再像二声的读法把声调上扬，读成升调，可用慢降快升的节奏来练习。

听一听

你（nǐ）　　请（qǐng）　　采（cǎi）　　领（lǐng）　　许（xǔ）　　百（bǎi）

雨（yǔ）　　尺（chǐ）　　古（gǔ）　　抢（qiǎng）　　起（qǐ）　　举（jǔ）

使（shǐ）　　已（yǐ）　　比（bǐ）　　谎（huǎng）　　果（guǒ）　　网（wǎng）

念一念

真好（zhēnhǎo）　　清楚（qīngchǔ）　　花蕊（huāruǐ）　　灯塔（dēngtǎ）

双手（shuāngshǒu）　　操场（cāochǎng）　　发展（fāzhǎn）　　黑板（hēibǎn）

滑雪（huáxuě）　　峡谷（xiágǔ）　　提取（tíqǔ）　　敏感（mǐngǎn）

寻找（xúnzhǎo）　　遥远（yáoyuǎn）　　淳朴（chúnpǔ）　　如果（rúguǒ）

木马（mùmǎ）　　袋鼠（dàishǔ）　　废铁（fèitiě）　　报纸（bàozhǐ）

剧本（jùběn）　　外语（wàiyǔ）　　大海（dàhǎi）　　布谷（bùgǔ）

4. 四声

四声从高音区起音后直降到低音区（5—1）。

发音要领

确保起音的高度。

听一听

树（shù）　　去（qù）　　爱（ài）　　胖（pàng）　　上（shàng）　　看（kàn）

位（wèi）　　翠（cuì）　　炕（kàng）　　壮（zhuàng）　　玉（yù）　　话（huà）

大（dà）　　　怕（pà）　　　赖（lài）　　　涮（shuàn）　　　做（zuò）　　　雾（wù）

 念一念

训练（xùnliàn）　　　事故（shìgù）　　　罪恶（zuì'è）　　　半夜（bànyè）

会议（huìyì）　　　计划（jìhuà）　　　算术（suànshù）　　　大概（dàgài）

记录（jìlù）　　　电话（diànhuà）　　　上课（shàngkè）　　　浪费（làngfèi）

贺信（hèxìn）　　　注意（zhùyì）　　　旭日（xùrì）　　　抑制（yìzhì）

到会祝贺（dàohuìzhùhè）　　　　　　素质教育（sùzhìjiàoyù）

胜利闭幕（shènglìbìmù）　　　　　　创造世界（chuàngzàoshìjiè）

电报挂号（diànbàoguàhào）　　　　　下次注意（xiàcìzhùyì）

世界教育（shìjièjiàoyù）　　　　　　报告胜利（bàogàoshènglì）

创造利润（chuàngzàolìrùn）　　　　　正确判断（zhèngquèpànduàn）

　　为了能更加直观、形象地了解普通话声调，读准调值，请练习下面的顺口溜：

　　　　　　　独木桥旁一树桃，　小猴小心过小桥，啊（ā）——

　　　　　　　走到树下往上跳，啊（á）怎么没上去？

　　　　　　　小猴用力再来跳，啊（ǎ）这下上去了，

　　　　　　　小猴上树真高兴，吃饱树上睡一觉，

　　　　　　　啊（à）不小心它摔下树，你说好笑不好笑？

　　注意：把 ā á ǎ à 读进顺口溜中。

一试身手

　　1.听词（单音节、双音节、多音节）写声调（老师自选、自编）。

_____　_____

_____　_____

_____　_____

_____　_____

2. 读准下列各组字的声调。

mā 妈	má 麻	mǎ 马	mà 骂		qī 七	qí 奇	qǐ 起	qì 气
chuāng 窗	chuáng 床	chuǎng 闯	chuàng 创		fēng 风	féng 冯	fěng 讽	fèng 奉
jī 鸡	jí 及	jǐ 几	jì 记		tū 突	tú 图	tǔ 土	tù 兔
mō 摸	mó 膜	mǒ 抹	mò 默		tōng 通	tóng 同	tǒng 桶	tòng 痛
fāng 方	fáng 房	fǎng 纺	fàng 放		jū 居	jú 菊	jǔ 举	jù 巨
shā 沙	shá 啥	shǎ 傻	shà 煞		chuān 川	chuán 船	chuǎn 喘	chuàn 串
yī 衣	yí 姨	yǐ 乙	yì 艺		huī 辉	huí 回	huǐ 悔	huì 惠
yū 迂	yú 鱼	yǔ 雨	yù 遇		shēng 生	shéng 绳	shěng 省	shèng 剩

3. 读准下列各词的声调。

犹豫	邮局	游泳	于是	娱乐	元素	花园	均匀	砸开
咱们	确凿	哲学	执行	植物	追逐	蜡烛	斟酌	茁壮
卓绝	希望	忧愁	除夕	宣传	垂询	纯洁	歌词	从容
存在	书写	回答	蝴蝶	读书	朝代	乏味	拂晓	符号
还是	翱翔	数学	教材	惭愧	收藏	自豪	和平	活泼
菊花	决定	宏伟	回避	自然	芦苇	电炉	山峦	空调

4. 读下列绕口令，写出读音相同，声调不同的字。

小礼家有梨，小丽家有李。

小礼帮小丽摘李，小丽帮小礼摘梨。

（二声、三声、四声）

——《小丽和小礼》

磙下压个棍，棍上压个磙，

磙压棍滚，棍滚磙滚。（三声、四声）

——《磙和棍》

第三节

声母的发音要领

问题思考

1. 你是否为分不清平翘舌音而苦恼？
2. 你知道鼻音和边音怎么区分吗？
3. 你知道怎么能快速掌握声母的读音吗？

一 声母的分类

音节开头的辅音就是声母。普通话有 21 个辅音声母。根据声母发音部位的不同，可分为 7 类。（图 2-4）

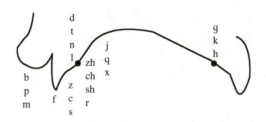

图 2-4

（1）双唇音：b　p　m

（2）唇齿音：f

（3）舌尖中音：d　t　n　l

（4）舌面音（或舌面前音）：j　q　x

（5）舌根音（或舌面后音）：g　k　h

（6）舌尖前音（平舌音）：z　c　s

（7）舌尖后音（翘舌音）：zh　ch　sh　r

二 声母的发音方法

声母的发音方法包括发音时形成阻碍和克服阻碍的方式、声带的颤动情况、气流的强弱等。

（一）根据发音时形成阻碍和克服阻碍的方式划分

根据发音时形成阻碍和克服阻碍的方式划分，普通话辅音声母可以分为塞音、擦音、塞擦音、鼻音、边音5种。

1. 塞音

形成阻碍时发音部位完全形成闭塞，克服阻碍时受阻部位突然打开，使积蓄的气流迸出，爆发成音。塞音有6个：b、p、d、t、g、k。

2. 擦音

形成阻碍时发音部位之间接近，形成窄缝，气流从窄缝中流出，摩擦成音；克服阻碍时，发音结束。擦音有6个：f、h、x、sh、s、r。

3. 塞擦音

在同一部位以"塞音"开始，以"擦音"结束。塞擦音有6个：j、q、zh、ch、z、c。

4. 鼻音

形成阻碍时发音部位完全闭塞，软腭下垂，打开鼻腔通路，气流振动声带，从鼻腔透出而成音；克服阻碍时，发音结束。鼻音有2个：n、m。

5. 边音

舌尖翘起和上齿龈接触形成阻碍，声带振动，气流从舌头两边与两颊内侧形成的空隙中通过而成音；克服阻碍时，发音结束。边音只有一个：l。

（二）根据声带的颤动情况划分

根据声带的颤动情况划分，普通话辅音声母可以分为清音、浊音。

1. 浊音

发音时声带颤动。浊音有 4 个：m、n、l、r。

2. 清音

发音时声带不颤动。清音有 17 个：b、p、f、d、t、j、q、x、g、k、h、z、c、s、zh、ch、sh。

（三）根据呼出时气流的强弱划分

在塞音、塞擦音声母中，根据呼出时气流的强弱划分，还可以分为送气音和不送气音。

1. 送气音

发音时呼出的气流较强。送气音有 6 个：p、t、k、q、ch、c。

2. 不送气音

发音时呼出的气流较弱。不送气音有 6 个：b、d、g、j、zh、z。

三 声母的发音要领

（一）b p m 的发音要领：嘴唇用力

发音前双唇自然闭拢，并有向双唇中部收拢的感觉，发音时嘴唇撮圆。西南方言在发这一组音时，嘴唇状态较松散，因此，从听感上与普通话有较大的区别。

> b 发音时，双唇闭合，软腭上升，堵塞鼻腔通路，声带不颤动，较弱的气流冲破双唇的阻碍，迸裂而出，爆发成音。

听一听

波（bō）　　　驳（bó）　　　跛（bǒ）　　　薄（bò）

念一念

颁布（bānbù）　　八百（bābǎi）　　百般（bǎibān）　　包办（bāobàn）

奔波（bēnbō）　　本部（běnbù）　　摆布（bǎibù）　　败北（bàiběi）

卑鄙（bēibǐ）　　　北部（běibù）　　　背包（bēibāo）　　　不便（búbiàn）

> p 发音的状况与发 b 相近，只是发 p 时有一股较强的气流冲开双唇。

🎧 听一听

扑（pū）　　　仆（pú）　　　谱（pǔ）　　　瀑（pù）

💬 念一念

婆婆（pópo）　　　排炮（páipào）　　　铺排（pūpái）　　　澎湃（péngpài）

蓬蓬（péngpéng）　批评（pīpíng）　　　批判（pīpàn）　　　匹配（pǐpèi）

琵琶（pípá）　　　劈啪（pīpā）　　　瓢泼（piáopō）　　　偏旁（piānpáng）

> m 发音时，双唇稍收紧闭合，软腭下降，气流振动声带从鼻腔通过。

🎧 听一听

摸（mō）　　　膜（mó）　　　抹（mǒ）　　　默（mò）

💬 念一念

妈妈（māma）　　　麻木（mámù）　　　骂名（màmíng）　　　默默（mòmò）

磨灭（mómiè）　　　买卖（mǎimài）　　　埋没（máimò）　　　麦苗（màimiáo）

面貌（miànmào）　牧民（mùmín）　　　卖命（màimìng）　　　美满（měimǎn）

美貌（měimào）　　没门（méimén）　　　眉目（méimù）　　　茂密（màomì）

冒昧（màomèi）　　谋面（móumiàn）　　漫骂（mànmà）　　　满目（mǎnmù）

🎧 绕口令练习

八百标兵奔北坡，

炮兵并排北边跑，

炮兵怕把标兵碰，

标兵怕碰炮兵炮。

——《八百标兵》

初八十八二十八，八个小孩儿把萝卜拔，

你也拔，我也拔，看谁拔得多，看谁拔得大。

你拔得不多个儿不小，我拔得不少个儿不大。

一个萝卜一个坑儿，算算多少用车拉，

一个加俩，俩加仨，七十二个加十八，

拿个算盘打一打，一百差俩九十八。

——《拔萝卜》

（二）f 发音要领：嘴唇用力

f 发音前上齿轻放在下唇内侧，发音时唇齿先打开一小缝隙，然后嘴唇撮圆。

听一听

妃（fēi）　　肥（féi）　　斐（fěi）　　肺（fèi）

风（fēng）　　佛（fó）　　否（fǒu）　　腹（fù）

念一念

发奋（fāfèn）　发疯（fāfēng）　发福（fāfú）　发放（fāfàng）　非法（fēifǎ）

非凡（fēifán）　非分（fēifèn）　反复（fǎnfù）　翻覆（fānfù）　吩咐（fēnfù）

纷繁（fēnfán）　芬芳（fēnfāng）　份饭（fènfàn）　方法（fāngfǎ）　仿佛（fǎngfú）

防范（fángfàn）芳菲（fāngfēi）　丰富（fēngfù）　风范（fēngfàn）　夫妇（fūfù）

复方（fùfāng）　福分（fúfen）　犯法（fànfǎ）　防风（fángfēng）　放飞（fàngfēi）

（三）d t n l 发音要领：注意舌尖抵住上齿龈

d、t 发音时，舌尖抵住上齿龈，软腭上升，堵塞鼻腔通路，声带不颤动，较弱的气流冲破舌尖的阻碍，迸裂而出，爆发成声。t 发音的状况与发 d 相近，只是发 t 时气流较强。

听一听

丹（dān）　　德（dé）　　短（duǎn）　　道（dào）

它（tā）　　涂（tú）　　塔（tǎ）　　特（tè）

念一念

达到（dádào）　　调动（diàodòng）　　大豆（dàdòu）　　搭档（dādàng）

带动（dàidòng）　　到底（dàodǐ）　　道德（dàodé）　　捣蛋（dǎodàn）

导弹（dǎodàn）　　斗胆（dǒudǎn）　　单调（dāndiào）　　担当（dāndāng）

单独（dāndú）　　当地（dāngdì）　　当代（dāngdài）　　地点（dìdiǎn）

淘汰（táotài）　　逃脱（táotuō）　　头痛（tóutòng）　　谈天（tántiān）

探讨（tàntǎo）　　唐突（tángtū）　　疼痛（téngtòng）　　铁塔（tiětǎ）

调停（tiáotíng）　　天堂（tiāntáng）　　图腾（túténg）　　脱逃（tuōtáo）

屯田（túntián）　　通透（tōngtòu）　　淘汰（táotài）　　忐忑（tǎntè）

> n　发音前上下齿微开，舌尖紧贴上齿龈，软腭下降，打开鼻腔通道，振动声带，气流从鼻腔流出。

n

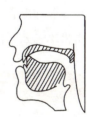

听一听

妮（nī）　　泥（ní）　　你（nǐ）　　腻（nì）

念一念

奶奶（nǎinai）　　奶牛（nǎiniú）　　恼怒（nǎonù）　　男女（nánnǚ）

南宁（nánníng）　　喃喃（nánnán）　　能耐（néngnài）　　呢喃（nínán）

捏弄（niēnòng）　　袅娜（niǎonuó）　　忸怩（niǔní）　　牛腩（niúnǎn）

年年（niánnián）　　娘娘（niángniang）　　农奴（nóngnú）　　难能（nánnéng）

l 发音时，舌尖抵住上齿龈，软腭上升，堵塞鼻腔通路，气流振动声带，从舌头两边通过。

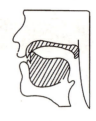

l

听一听

哩（lī）　　　梨（lí）　　　里（lǐ）　　　立（lì）

念一念

拉练（lāliàn）	勒令（lèlìng）	来历（láilì）	劳碌（láolù）	露脸（lòuliǎn）
褴褛（lánlǚ）	冷落（lěngluò）	理论（lǐlùn）	嘹亮（liáoliàng）	流利（liúlì）
联络（liánluò）	淋漓（línlí）	玲珑（línglóng）	罗列（luóliè）	伦理（lúnlǐ）

（四）j q x 发音要领：舌面用力

j 发音时，舌尖抵住下门齿背，然后稍微离开一点儿，形成一条窄缝，软腭上升堵塞鼻腔通路，在阻塞的部位后积蓄气流，突然除阻时，气流从窄缝中挤出，摩擦成声，声带不颤动，也不送气。

听一听

机（jī）　　　急（jí）　　　几（jǐ）　　　记（jì）

念一念

即将（jíjiāng）	家具（jiājù）	借鉴（jièjiàn）	究竟（jiūjìng）
坚决（jiānjué）	紧急（jǐnjí）	讲解（jiǎngjiě）	京剧（jīngjù）
聚集（jùjí）	俊杰（jùnjié）	炯炯（jiǒngjiǒng）	绝句（juéjù）

q 发音的状况与发 j 相近，只是呼出的气流较强。

听一听

期（qī）　　　其（qí）　　　起（qǐ）　　　气（qì）

念一念

崎岖（qíqū）	恰巧（qiàqiǎo）	窃取（qièqǔ）	乔迁（qiáoqiān）
秋千（qiūqiān）	亲切（qīnqiè）	强求（qiǎngqiú）	请求（qǐngqiú）
取巧（qǔqiǎo）	确切（quèqiè）	蜷曲（quánqū）	群情（qúnqíng）

> x 发音时，舌尖抵住下门齿背，舌面前抬高接近硬腭前部，形成窄缝，气流从窄缝中摩擦成声，声带不颤动。

听一听

西（xī）	习（xí）	洗（xǐ）	细（xì）

念一念

学校（xuéxiào）	嘘唏（xūxī）	遐想（xiáxiǎng）	休想（xiūxiǎng）
现象（xiànxiàng）	宣泄（xuānxiè）	雄心（xióngxīn）	信息（xìnxī）

（五）g k h 发音要领：舌面后部用力

> g 发音时，舌面后部抬高，靠住软腭阻挡气流，然后突然放开，气流冲破阻碍成声，声带不颤动。

听一听

哥（gē）	格（gé）	葛（gě）	个（gè）

音频资料

念一念

改革（gǎigé）	高贵（gāoguì）	更改（gēnggǎi）	古怪（gǔguài）
挂钩（guàgōu）	国歌（guógē）	观光（guānguāng）	巩固（gǒnggù）

k 发音的状况与发 g 相近，只是呼出的气流较强。

听一听

科（kē）　　壳（ké）　　可（kě）　　课（kè）

念一念

开垦（kāikěn）　　坎坷（kǎnkě）　　慷慨（kāngkǎi）　　苦口（kǔkǒu）

夸口（kuākǒu）　　开阔（kāikuò）　　亏空（kuīkōng）　　宽旷（kuānkuàng）

h 发音时，舌根上抬接近硬腭和软腭的交界处，形成窄缝，气流从窄缝中摩擦成声，声带不颤动。

听一听

喝（hē）　　河（hé）　　贺（hè）

念一念

黄昏（huánghūn）　　黑海（hēihǎi）　　浩瀚（hàohàn）　　祸患（huòhuàn）

含糊（hánhu）　　行话（hánghuà）　　怀恨（huáihèn）　　缓和（huǎnhé）

（六）平舌音发音要领：舌尖平伸，舌尖抵住上齿背

z 发音时，舌尖平伸，抵住上齿背阻挡气流，然后立即松开一点儿，形成一条窄缝，气流从窄缝中透出成声，声带不颤动，也不送气。

z、c

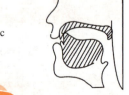

听一听

资（zī）　　紫（zǐ）　　字（zì）

念一念

在座（zàizuò）　　　遭罪（zāozuì）　　　簪子（zānzi）
藏族（zàngzú）　　　总则（zǒngzé）　　　猜测（cāicè）

> c 和 z 的发音相似，只是发 c 时呼出的气流较强。

听一听

词（cí）　　　此（cǐ）　　　刺（cì）　　　疵（cī）

念一念

草丛（cǎocóng）　　　残存（cáncún）　　　参差（cēncī）
仓促（cāngcù）　　　苍翠（cāngcuì）　　　层次（céngcì）

> s 发音时，舌尖接近上齿背，形成窄缝气流从窄缝中摩擦成声，声带不颤动。

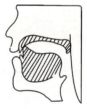

s

听一听

丝（sī）　　　死（sǐ）　　　四（sì）

念一念

苍翠（cāngcuì）　　　思索（sīsuǒ）　　　洒扫（sǎsǎo）
松散（sōngsǎn）　　　搜索（sōusuǒ）　　　酸涩（suānsè）

（七）翘舌音发音要领：舌尖上翘发音

> zh 发音时，舌尖上翘抵住硬腭前部阻挡气流，然后立即离开一点儿，形成一条窄缝，气流从窄缝中摩擦成声，声带不颤动，也不送气。

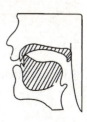

zh、ch

知（zhī）　　直（zhí）　　纸（zhǐ）　　制（zhì）

扎针（zhāzhēn）　　　褶皱（zhězhòu）　　　债主（zhàizhǔ）

肿胀（zhǒngzhàng）　　政治（zhèngzhì）　　茁壮（zhuózhuàng）

追逐（zhuīzhú）　　　转折（zhuǎnzhé）　　招展（zhāozhǎn）

> ch 发音的状况与 zh 相近，只是呼出的气流较强。

听一听

吃（chī）　　池（chí）　　尺（chǐ）　　翅（chì）

念一念

赤诚（chìchéng）　　　叉车（chāchē）　　　长城（chángchéng）

抽查（chōuchá）　　　拆穿（chāichuān）　　踌躇（chóuchú）

> sh 发音时，舌尖上翘接近硬腭前部，形成一条窄缝，气流从窄缝中摩擦成声，声带不颤动。

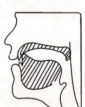

sh

听一听

师（shī）　　实（shí）　　使（shǐ）　　事（shì）

念一念

失神（shīshén）　　　射手（shèshǒu）　　　圣水（shèngshuǐ）

杀伤（shāshāng）　　　少数（shǎoshù）　　　闪烁（shǎnshuò）

r 发音状况与发 sh 相近，只是发 r 时声带要颤动。

 **听一听**

日（rì）　　热（rè）　　人（rén）　　绕（rào）

 **念一念**

柔软（róuruǎn）　　　　荏苒（rěnrǎn）　　　　荣辱（róngrǔ）

仍然（réngrán）　　　　闰日（rùnrì）　　　　如若（rúruò）

 **一试身手**

1. 读下列绕口令，要求：由慢到快，字音准确。

小佩撑把伞，小蓓摇把扇，

撑伞的小佩帮小蓓打伞，

摇扇的小蓓帮小佩扇扇，

小佩小蓓撑伞又扇扇。（b p）

——《小佩和小蓓》

梅大妹买梅子，买了梅子卖麦子。

梅小妹买麦子，买了麦子卖梅子。

大妹和小妹，互相做买卖。

不知谁买了梅子卖麦子，

又是谁买了麦子卖梅子。（m）

——《梅大妹买梅子》

黑肥混灰肥，灰肥混黑肥。

黑肥混灰肥，黑肥灰又黑。

黑肥混灰肥，肥比黑肥灰；

灰肥混黑肥，肥比灰肥黑。（h f）

——《肥混肥》

有个孩子叫阿牛，阿牛上山放老牛，

老牛哞哞叫阿牛，阿牛回家骑老牛。（n l）

——《阿牛放牛》

学习就怕满、懒、难，心里去掉满懒难，

心里有了满、懒、难，永不自满，边学边干，

不看不钻就不前；蚂蚁也能搬泰山。（n l）

——《学习就怕满懒难》

奶奶背柴，来来提菜，

来来帮奶奶背柴，

奶奶帮来来提菜，

来来说奶奶好奶奶，

奶奶说来来好乖乖。（n l）

——《奶奶和来来》

小齐吹气球，小于玩皮球。

小齐要拿气球换小于的皮球，

小于不拿皮球换小齐的气球。（q）

——《气球换皮球》

小花和小华，一同种庄稼。

小华种棉花，小花种西瓜。

小华的棉花开了花，小花的西瓜结了瓜。

小花找小华，商量瓜换花。

小花用瓜换了花，小华用花换了瓜。（h）

——《瓜换花》

哥挎瓜筐过宽沟，　赶快过沟看怪狗，

光看怪狗瓜筐扣，　瓜滚筐空哥怪狗。

哥挎瓜筐过宽沟，　过沟筐漏瓜滚沟，

隔沟挎筐瓜筐扣，　瓜滚筐空哥怪沟。（g k）

——《哥挎瓜筐过宽沟》

姊随嫂，操做早，曾撕笋，才擦灶。

催锁仓，速采桑，蚕丝足，村村足。

贼作祟，钻自私，罪凑足，总送死。

曹叟搓草索，孙子坐在左，

此次最粗糙，匆匆总搓错。

藏僧宿草寺，岁岁自洒扫，

择素做素餐，松侧栽棕枣。（z c s）

朱家一株竹，竹笋初长出。

朱叔处处锄，锄出笋来煮。

锄完不再出，朱叔没笋煮，

竹株又干枯。（zh ch sh）

——《朱叔锄竹笋》

史老师，讲时事，常学时事长知识。

时事学习看报纸，报纸登的是时事。

常看报纸要多思，心里装着天下事。（zh ch sh）

——《学时事》

认识从实践始，实践出真知。

知道就是知道，不知道就是不知道。

不要知道说不知道，也不要不知道说知道。

老老实实，实事求是，

一定做到不折不扣的真知道。（zh ch sh）

——《知道不知道》

四、四、四，四个西红柿，

小青拿下西红柿，不知是不是。

他问妈妈说："这是不是西红柿？"

妈妈说："是，是，是。"（sh）

——《四个西红柿》

杂志社出杂志，杂志出在杂志社。

历史常识，写作指导，诗词注释，

还有那——

植树造林，治理沼泽，栽花种草，

种种杂志数十册。（z zh sh）

——《杂志社出杂志》

2.朗读下列短文。

那是力争上游的一种树，笔直的干，笔直的枝。它的干呢，通常是丈把高，像是加以人工似的，一丈以内，绝无旁枝。它所有的丫枝呢，一律向上，而且紧紧靠拢，也像是加以人工似的，成为一束，绝无横斜逸出；它的宽大的叶子也是片片向上，几乎没有斜生的，更不用说倒垂了。它的皮光滑而有银色的晕圈，微微泛出淡青色。这是虽在北方的风雪的压迫下却保持着倔强挺立的一种树。哪怕只有碗来粗细罢，它却努力向上发展，高到丈许，二丈，参天耸立，不折不挠，对抗着西北风。

这就是白杨树，西北极普通的一种树，然而决不是平凡的树！

——节选自茅盾《白杨礼赞》

字音提示

那（nà）　树（shù）　枝（zhī）　似的（shìde）　内（nèi）　倒（dǎo）
压（yā）　粗（cū）　努（nǔ）　丈（zhàng）　耸（sǒng）　挠（náo）

这是入冬以来，胶东半岛上第一场雪。

雪纷纷扬扬，下得很大。开始还伴着一阵儿小雨，不久就只见大片大片的雪花，从彤云密布的天空中飘落下来。地面上一会儿就白了。冬天的山村，到了夜里就万籁俱寂，只听得雪花簌簌地不断往下落，树木的枯枝被雪压断了，偶尔咯吱一声响。

——节选自峻青《第一场雪》

字音提示

入（rù）　　雪（xuě）　始（shǐ）　彤（tóng）
山村（shāncūn）　白（bái）　籁（lài）　簌（sù）

生命在海洋里诞生绝不是偶然的，海洋的物理和化学性质，使它成为孕育原始生命的摇篮。

我们知道，水是生物的重要组成部分，许多动物组织的含水量在百分之八十以上，而一些海洋生物的含水量高达百分之九十五。水是新陈代谢的重要媒介，没有它，体内的一系列生理和生物化学反应就无法进行，生命也就停止。因此，在短时期内动物缺水要比缺少食物更加危险。水对今天的生命是如此重要，它对脆弱的原始生命，更是举足轻重了。生命在海洋里诞生，就不会有缺水之忧。

——节选童裳亮《海洋与生命》

字音提示

偶然（ǒurán）　性质（xìngzhì）　孕（yùn）　水（shuǐ）　重（zhòng）要　组织（zǔzhī）

无法（wúfǎ）　停止（tíngzhǐ）　足（zú）　更（gèng）　因此（yīncǐ）　脆弱（cuìruò）

享受幸福是需要学习的，当它即将来临的时刻需要提醒。人可以自然而然地学会感官的享乐，却无法天生地掌握幸福的韵律。灵魂的快意同器官的舒适像一对孪生兄弟，时而相傍相依，时而南辕北辙。

幸福是一种心灵的震颤。它像会倾听音乐的耳朵一样，需要不断地训练。

简而言之，幸福就是没有痛苦的时刻。它出现的频率并不像我们想象的那样少。人们常常只是在幸福的金马车已经驶过去很远时，才拣起地上的金鬃毛说，原来我见过它。

——节选自毕淑敏《提醒幸福》

字音提示

享受（xiǎngshòu）　　幸福（xìngfú）　　即将（jíjiāng）　　提醒（tíxǐng）

舒适（shūshì）　　孪生（luánshēng）　　傍（bàng）　　震颤（zhènchàn）

南辕北辙（nányuánběizhé）　　　　频率（pínlù）　　倾听（qīngtīng）

已经（yǐjīng）　　金鬃毛（jīnzōngmáo）

3.普通话水平测试的针对性训练。

请朗读下列单音节词，要求：

①看清字形，不念别字。

②找准声母发音部位，保证读音的准确。

把 播 备 饱 搬 笨 帮 蹦 比 憋 表 病 部 泼 配 剖 盘 喷 碰 瞥 漂 品 谱
谬 牟 孟 罚 副 非 访 枫 倒 抖 凳 垫 汤 头 填 您 恼 酿 嫩 浓 拉 漏 李
榔 落 感 告 勾 刊 扩 筷 盔 旱 狠 吼 徊 汇 甲 尖 紧 秋 恰 欠 茄 侵 直
抓 针 挣 沾 掌 煮 折 楚 尝 绸 创 室 舌 善 爽 束 柔 弱 锐 碎 葱 桑 朝

第四节

韵母的发音要领

问题思考
1. 你知道单韵母与复韵母发音的区别是什么吗？
2. 你知道前、后鼻韵母在发音时应注意什么吗？
3. 你知道口腔的形态不同对发音效果有什么影响吗？

一 韵母的分类

音节中声母后面的部分就是韵母。普通话共有 39 个韵母。

韵母是音节中不可缺少的部分，根据韵母的内部结构特点可分为单韵母、复韵母、鼻韵母。

（1）单韵母：a o e i u ü ê

（2）复韵母：ai ei ao ou ia ie ua

　　　　　　　uo üe ia ou ai uei iou

（3）鼻韵母：an en in ün ian uan uen üan

　　　　　　　ang eng ing ong ang uang ueng iong

二 单韵母的发音要领：发音时，舌位、唇形始终保持不变

a 发音时，口腔大开，舌头处于不前不后的中央位置，舌位低，舌中部微微隆起，唇形不圆，声带振动。

 听一听

妈（mā）　　他（tā）　　杂（zá）　　傻（shǎ）

帕（pà）　　爸（bà）　　茶（chá）

念一念

打靶（dǎbǎ）　沙发（shāfā）　麻纱（máshā）　大法（dàfǎ）　发达（fādá）

打岔（dǎchà）　发蜡（fàlà）　拉萨（lāsà）　喇嘛（lǎma）　大厦（dàshà）

o 发音时，嘴唇拢圆，舌体后缩，舌位半高，舌后部微微隆起，声带振动。

听一听

拨（bō）　　坡（pō）　　驳（bó）　　婆（pó）　　默（mò）

念一念

伯伯（bóbo）　勃勃（bóbó）　泼墨（pōmò）　磨墨（mómò）　喔喔（wōwō）

磨破（mópò）　漠漠（mòmò）　薄膜（bómó）　馍馍（mómo）

e 发音时，双唇自然展开，舌体后缩，声带振动。

听一听

饿（è）　河（hé）　克（kè）　鸽（gē）　撤（chè）　遮（zhē）　涉（shè）

念一念

特色（tèsè）　　哥哥（gēge）　　割舍（gēshě）　　隔阂（géhé）　　各色（gèsè）

合格（hégé）　　这个（zhège）　　舍得（shěde）　　苛刻（kēkè）　　褐色（hèsè）

> i 发音时，上下门齿相对，口腔微开，舌头前伸，舌尖接触下齿，声带振动。

听一听

依（yī）　　梯（tī）　　米（mǐ）　　碧（bì）　　即（jí）　　替（tì）　　蜜（mì）

念一念

鼻涕（bítì）　　比例（bǐlì）　　比拟（bǐnǐ）　　笔迹（bǐjì）　　脾气（píqi）

披靡（pīmí）　　敌意（díyì）　　匹敌（pǐdí）　　体力（tǐlì）　　迷离（mílí）

> u 发音时，双唇向前拢圆成一小孔，舌头后缩，声带振动。

听一听

屋（wū）　　雾（wù）　　书（shū）　　兔（tù）　　路（lù）　　谷（gǔ）　　牧（mù）

念一念

户主（hùzhǔ）　　故土（gùtǔ）　　不足（bùzú）　　部署（bùshǔ）　　孤独（gūdú）

服输（fúshū）　　付出（fùchū）　　负数（fùshù）　　附录（fùlù）　　复苏（fùsū）

> ü 发音和 i 相似，只是 ü 唇形是向中间聚合拢圆，双唇中形成一个扁圆的小孔，而 i 的唇形是向两边展开的，发音时，声带要振动。

听一听

迂（yū）　　育（yù）　　趣（qù）　　拒（jù）　　需（xū）　　矩（jǔ）

念一念

吕剧（lǚjù）　　缕缕（lǚlǚ）　　区域（qūyù）　　雨具（yǔjù）　　须臾（xūyú）

遇雨（yùyǔ）　　郁郁（yùyù）　　聚居（jùjū）　　语句（yǔjù）　　序曲（xùqǔ）

> ê 发音时，口腔自然打开，嘴角向两边自然展开，舌尖抵住下齿背，声带振动。需要说明的是：ê 不与任何声母相拼，只与"i、ü"组成复韵母"ie、üe"。

念一念

诶 ê

> −i（前）　发音时，口略开，唇展开，舌尖前伸对着上齿背，形成狭窄的通道，气流通过时摩擦成声。

听一听（听延长音）

丝（sī）—　　次（cì）—　　姿（zī）—

念一念

四次（sìcì）　　　　自私（zìsī）　　　　恣肆（zìsì）　　　　刺字（cìzì）

字词（zìcí）　　　　子嗣（zǐsì）　　　　次子（cìzǐ）

> −i（后）　发音时，口略开，唇展开，舌尖上抬对着硬腭，形成狭窄的通道，气流通过时摩擦成声。

🎧 **听一听（听延长音）**

支（zhī）—　　吃（chī）—　　师（shī）—

📢 **念一念**

支持（zhīchí）　　直至（zhízhì）　　值日（zhírì）　　实事（shíshì）　　时事（shíshì）

只是（zhǐshì）　　实质（shízhì）　　吃食（chīshí）　　致使（zhìshǐ）　　知识（zhīshi）

需要说明的是：-i（前）、-i（后）是特殊韵母，-i（前）只与 z、c、s 相拼，-i（后）只与 zh、ch、sh、r 相拼，与声母组合成音节时它们的拼写看起来与单韵母 i（衣）相同，但实际意义和读音却不相同。

er 发音时，口腔自然开启，舌位居中，舌尖向后卷起，与硬腭相对，声带振动。

🎧 **听一听**

二（èr）　　而（ér）　　耳（ěr）　　儿（ér）

📢 **念一念**

尔后（ěrhòu）　　儿歌（érgē）　　儿科（érkē）　　耳朵（ěrduo）　　耳环（ěrhuán）

而已（éryǐ）　　二胡（èrhú）　　饵料（ěrliào）　　而且（érqiě）　　洱海（ěrhǎi）

为了让大家更好地掌握单韵母的特征，读准单韵母，请练习下列单韵母顺口溜：

a　a　a，自然开口就是 a，　　　　　　ü　ü　ü，ü 的嘴型像小鱼，

o　o　o，公鸡打鸣 o o 啼，　　　　　ê　ê　ê，没礼貌叫人只会 ê，

e　e　e，微微一笑就是 e，　　　　　　丝字延长就是——i（前），

i　i　i，感觉牙齿对整齐，　　　　　　吃字延长就是——i（后），

u　u　u，火车鸣叫 u u u，　　　　　　er 音舌头卷起来。

请读下列单韵母绕口令，要求语音清晰，由快到慢练习。

马大妈的儿子叫马大哈，马大哈的妈妈叫马大妈。

马大妈让马大哈买麻花，马大哈给马大妈买西瓜。

马大妈告诉马大哈，以后不能再马大哈．

马大哈不改马大哈，马大妈就不要马大哈。（a）

——《马大哈》

郭伯伯，卖火锅，带卖墨水和馍馍。

墨水馍馍装火锅，火锅磨得墨瓶破。

伯伯回家交婆婆，婆婆掀锅拿馍馍。

墨水馍馍满火锅，婆婆坐着默琢磨，

莫非是外国产品摩登货。（o）

——《郭伯伯和婆婆》

大渠养大鱼不养小鱼，小渠养小鱼不养大鱼。

一天天下雨，大渠水流进小渠，小渠水流进大渠。

大渠里有了小鱼不见大鱼，小渠里有了大鱼不见小鱼。（ü）

——《养鱼》

哥哥弟弟坡前坐，坡上卧着一只鹅，坡下流着一条河。

哥哥说：宽宽的河，弟弟说：白白的鹅。

鹅要过河，河要渡鹅。

不知是鹅过河，还是河渡鹅。（e）

——《鹅过河》

有个老头儿本姓顾，人们叫他顾老五。

顾老五上街买布带打醋，回来碰见鹰叼兔。

兔子撞到了顾老五，碰掉了他的布，

打翻了他的醋，气坏了老头儿顾老五。（u）

——《顾老五》

报纸是报纸，抱子是抱子，报纸、抱子两回事。

抱子不是报纸，看报纸不是看抱子，

只能抱子看报纸。 （-i（前）、-i（后））

——《抱子看报纸》

体育局穿绿雨衣的女小吕，去找穿绿运动衣的女老李。

穿绿雨衣的女小吕，没找到穿绿运动衣的女老李，

穿绿运动衣的女老李，也没见着穿绿雨衣的女小吕。 （ü、i）

——《女小吕和女老李》

要说"尔"专说"尔"，马尔代夫，喀布尔，

阿尔巴尼亚，扎伊尔，卡塔尔，尼伯尔，

贝尔格莱德，安道尔，萨尔瓦多，伯尔尼，

利伯维尔，班珠尔，厄瓜多尔，塞舌尔，

哈密尔顿，尼日尔，圣彼埃尔，巴斯特尔，

塞内加尔的达喀尔，阿尔及利亚的阿尔及尔。 （er）

——《说"尔"》

三 复韵母的发音要领

发音时，舌位、唇形要逐渐变动，在舌位、唇形的快速滑动中形成复韵母。根据复韵母发音时响点不同，可分为前响复韵母、后响复韵母、中响复韵母。

（一）前响复韵母的发音要领

前响复韵母的发音要领：发响前一个音，再滑向后一个音。（后一个音只做口型）

a—i—ai：发音时，先发响韵腹 a，然后舌位向韵尾 i 滑动。

听一听

音频资料

哀（āi）	捱（ái）	矮（ǎi）	爱（ài）
太（tài）	晒（shài）	外（wài）	白（bái）
害（hài）	灾（zāi）	迈（mài）	排（pái）

念一念

白菜（báicài）　　　　开采（kāicǎi）　　　　拍卖（pāimài）

晒台（shàitái）　　　　采摘（cǎizhāi）　　　　彩带（cǎidài）

摆布（bǎibù）　　　　　开拍（kāipāi）　　　　拆台（chāitái）

　　e—i—ei：发音时，先发响韵腹 e，然后舌位向韵尾 i 滑动。

听一听

备（bèi）　　　泪（lèi）　　　给（gěi）　　　黑（hēi）　　　配（pèi）

美（měi）　　　贼（zéi）　　　非（fēi）　　　谁（shuí）　　　内（nèi）

念一念

肥美（féiměi）　　配备（pèibèi）　　非得（fēiděi）　　蓓蕾（bèilěi）　　谁美（shuíměi）

推诿（tuīwěi）　　黑妹（hēimèi）　　杯内（bēinèi）　　北美（běiměi）　　贝类（bèilèi）

　　a—o—ao：发音时，先发响韵腹 a，然后舌位向韵尾 o 滑动。

听一听

凹（āo）　　熬（áo）　　袄（ǎo）　　奥（ào）　　桃（táo）　　道（dào）

绕（rào）　　羔（gāo）　　照（zhào）　　潮（cháo）　　哨（shào）　　跑（pǎo）

念一念

高超（gāochāo）　　　号召（hàozhào）　　　草帽（cǎomào）　　　讨好（tǎohǎo）

糟糕（zāogāo）　　　报道（bàodào）　　　懊恼（àonǎo）　　　早操（zǎocāo）

抛锚（pāomáo）　　　牢靠（láokào）

　　o—u—ou：发音时，先发响韵腹 o，然后舌位向韵尾 u 滑动。

听一听

欧（ōu）　　　偶（ǒu）　　　叩（kòu）　　　仇（chóu）　　　昼（zhòu）　　　猴（hóu）

某（mǒu）　　否（fǒu）　　奏（zòu）　　柔（róu）　　守（shǒu）　　透（tòu）

念一念

丑陋（chǒulòu）　　欧洲（ōuzhōu）　　守侯（shǒuhòu）　　后楼（hòulóu）

叩头（kòutóu）　　兜售（dōushòu）　　猴头（hóutóu）　　漏斗（lòudǒu）

抖擞（dǒusǒu）　　口授（kǒushòu）

（二）后响复韵母的发音要领

后响复韵母的发音要领：先做好前一个音的发音状态，再滑向后一个音，并发响后一个音。

i—a—ia：发音时，先做好韵头 i 的发音状态，迅速滑向韵腹 a，并发响。

听一听

压（yā）　　牙（yá）　　哑（yǎ）　　亚（yà）　　狭（xiá）　　价（jià）

俩（liǎ）　　恰（qià）　　霞（xiá）　　佳（jiā）　　虾（xiā）　　嫁（jià）

念一念

加价（jiājià）　　架下（jiàxià）　　恰恰（qiàqià）　　家鸭（jiāyā）　　掐虾（qiāxiā）

假牙（jiǎyá）　　压价（yājià）　　下嫁（xiàjià）　　贾家（jiǎjiā）　　下牙（xiàyá）

i—e—ie：发音时，先做好韵头 i 的发音状态，迅速滑向韵腹 e，并发响。

听一听

掖（yē）　　爷（yé）　　野（yě）　　叶（yè）　　别（bié）　　瞥（piē）

灭（miè）　　贴（tiē）　　烈（liè）　　解（jiě）　　切（qiē）　　谢（xiè）

念一念

爷爷（yéye）　　姐姐（jiějie）　　谢谢（xièxie）　　结业（jiéyè）　　贴切（tiēqiè）

窃窃（qièqiè）　爹爹（diēdie）　借鞋（jièxié）　铁屑（tiěxiè）　趔趄（lièqie）

u—a—ua：发音时，先做好韵头 u 的发音状态，迅速滑向韵腹 a，并发响。

听一听

挖（wā）　　娃（wá）　　瓦（wǎ）　　袜（wà）　　刮（guā）
华（huá）　　抓（zhuā）　刷（shuā）　跨（kuà）　挂（guà）

念一念

娃娃（wáwa）　花袜（huāwà）　挂花（guàhuā）　耍滑（shuǎhuá）　画画（huàhuà）

u—o—uo：发音时，先做好韵头 u 的发音状态，迅速滑向韵腹 o，并发响。

听一听

窝（wō）　我（wǒ）　卧（wò）　朵（duǒ）　拖（tuō）　罗（luó）
过（guò）　括（kuò）　祸（huò）　桌（zhuō）　戳（chuō）　说（shuō）

念一念

火锅（huǒguō）　脱落（tuōluò）　骆驼（luòtuo）　硕果（shuòguǒ）　错过（cuòguò）
啰嗦（luōsuo）　活捉（huózhuō）　懦弱（nuòruò）　错落（cuòluò）　堕落（duòluò）

ü—e—üe：发音时，先做好韵头 ü 的发音状态，迅速滑向韵腹 e，并发响。

听一听

约（yuē）　越（yuè）　略（lüè）　决（jué）　雪（xuě）　雀（què）

念一念

雀跃（quèyuè）　约略（yuēlüè）　月缺（yuèquē）　雪月（xuěyuè）　缺血（quēxiě）

（三）中响复韵母的发音要领

中响复韵母的发音要领：做好前一个音的发音状态，再用前响复韵母的发音方法发出后面的音。

i — ao — iao

听一听

腰（yāo）	摇（yáo）	咬（yǎo）	要（yào）	角（jiǎo）	翘（qiào）
消（xiāo）	报（bào）	抛（pāo）	套（tào）	高（gāo）	照（zhào）

念一念

叫嚣（jiàoxiāo）	巧妙（qiǎomiào）	渺小（miǎoxiǎo）	吊桥（diàoqiáo）
逍遥（xiāoyáo）	疗效（liáoxiào）	秒表（miǎobiǎo）	吊销（diàoxiāo）
笑料（xiàoliào）	苗条（miáotiao）		

i — ou — iou：（iu）

听一听

优（yōu）	油（yóu）	有（yǒu）	右（yòu）	就（jiù）	休（xiū）
丘（qiū）	谬（miù）	丢（diū）	绣（xiù）	刘（liú）	妞（niū）

念一念

悠久（yōujiǔ）	久留（jiǔliú）	优秀（yōuxiù）	求救（qiújiù）	旧友（jiùyǒu）
绣球（xiùqiú）	秋游（qiūyóu）	舅舅（jiùjiu）	牛油（niúyóu）	啾啾（jiūjiū）

u — ei — uei：（ui）

听一听

微（wēi）	围（wéi）	伟（wěi）	为（wèi）	堆（duī）	腿（tuǐ）
规（guī）	溃（kuì）	会（huì）	坠（zhuì）	垂（chuí）	岁（suì）

念一念

回归（huíguī）　魁伟（kuíwěi）　会徽（huìhuī）　荟萃（huìcuì）　追尾（zhuīwěi）

退回（tuìhuí）　汇兑（huìduì）　坠毁（zhuìhuǐ）　回味（huíwèi）　追随（zhuīsuí）

u — ai — uai

听一听

歪（wāi）　　外（wài）　　　拐（guǎi）　　　快（kuài）　　　拽（zhuài）

踹（chuài）　帅（shuài）

念一念

摔坏（shuāihuài）　　乖乖（guāiguai）　　怀揣（huáichuāi）　　外快（wàikuài）

请读下列复韵母绕口令，要求语音清晰，由慢到快练习。

买白菜，搭海带，不买海带就别买大白菜。

买卖改，不搭卖，不买海带也能买到大白菜。（ai）

——《白菜和海带》

北风吹，雪花飞，冬天雪花是宝贝。

去给麦苗盖上被，明年麦子多几倍。（ei）

——《冬天雪花是宝贝》

东边庙里有个猫，西边树梢有只鸟。

猫鸟天天闹，不知是猫闹树上鸟，

还是鸟闹庙里猫。（ao）

——《猫闹鸟》

一只猴牵了一只狗，坐在油篓边上喝点酒，

猴喝酒还就着藕，狗啃骨头也啃油篓，

猴拿油篓口去扣狗的头，狗的头进了猴的油篓口，

狗啃油篓，油篓才漏油。（ou）

——《藕和猴》

小齐吹气球，小于玩皮球。

小齐要拿气球换小于的皮球，

小于不拿皮球换小齐的气球。（ou）

——《气球换皮球》

天空飘着一片霞，水上游来一群鸭。

霞是五彩霞，鸭是麻花鸭，麻花鸭游进五彩霞，

五彩霞网住麻花鸭。

乐坏了鸭，拍碎了霞，分不清是鸭还是霞。（ia）

——《是鸭还是霞》

杰杰和姐姐，花园里面捉蝴蝶。

杰杰去捉花中蝶，姐姐去捉叶上蝶。（ie）

——《杰杰和姐姐》

真绝，真绝，真叫绝，皓月当空下大雪，

麻雀游泳不飞跃，鹊巢鸠占鹊喜悦。（üe）

——《真绝》

坡上长菠萝，坡下玩陀螺。

坡上掉菠萝，菠萝砸陀螺。

砸破陀螺补陀螺，顶破菠萝剥菠萝。（uo）

——《菠萝与陀螺》

瓜棚挂瓜，瓜挂瓜棚。

风刮瓜，瓜碰棚。

风刮棚，棚碰瓜。（ua）

——《瓜棚挂瓜》

炉东有个锤快锤，炉西有个锤锤快，

两人炉前来比赛，不知是锤快锤比锤锤快锤得快，

还是锤锤快比锤快锤锤得快。（uai）

——《谁锤快》

嘴说腿，腿说嘴。

嘴说腿爱跑腿，腿说嘴爱卖嘴。

光动嘴，不动腿，不如不长腿。

光动腿，不动嘴，不如不长嘴。

又动腿，又动嘴，腿不再说嘴，

嘴不再说腿。（ui）

——《嘴和腿》

四 鼻韵母的发音要领

鼻韵母是元音和鼻辅音（n、ng）组合而形成的音。发音时，由元音过渡到鼻辅音，从听觉上可明显地感到鼻音的成分。

鼻韵母分为两类：前鼻韵母和后鼻韵母。带鼻辅音韵尾 n 的鼻韵母，由于发音时阻碍气流的部位在前面，称为"前鼻韵母"；带鼻辅音韵尾 ng 的鼻韵母，由于发音时阻碍气流的部位在后面，称为"后鼻韵母"。

（一）前鼻韵的发音要领

前鼻韵母的发音要领：发音结束时，舌尖贴在上齿背及硬腭前部。

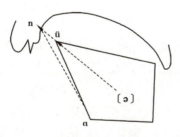

an、en、in、ün 的发音要领：发响单韵母，然后舌位迅速上升贴住硬腭前部，使声音和气息从鼻腔通过。

a — n — an

安（ān）	俺（ǎn）	暗（àn）	班（bān）	判（pàn）	满（mǎn）
反（fǎn）	淡（dàn）	兰（lán）	感（gǎn）	善（shàn）	产（chǎn）

念一念

坦然（tǎnrán）　　安然（ānrán）　　橄榄（gǎnlǎn）　　懒汉（lǎnhàn）

盘缠（pánchan）　　难堪（nánkān）　　展览（zhǎnlǎn）　　谈判（tánpàn）

感染（gǎnrǎn）　　赞叹（zàntàn）

e — n — en

听一听

恩（ēn）　　　摁（èn）　　　本（běn）　　　盆（pén）　　　份（fèn）　　　门（mén）

跟（gēn）　　　恳（kěn）　　　恨（hèn）　　　真（zhēn）　　　人（rén）　　　深（shēn）

念一念

恩人（ēnrén）　　身份（shēnfèn）　　认真（rènzhēn）　　深圳（shēnzhèn）

人参（rénshēn）　　深沉（shēnchén）　　门诊（ménzhěn）　　振奋（zhènfèn）

本分（běnfèn）　　愤恨（fènhèn）

i — n — in

听一听

因（yīn）　　银（yín）　　饮（yǐn）　　印（yìn）　　宾（bīn）　　民（mín）

品（pǐn）　　您（nín）　　临（lín）　　进（jìn）　　侵（qīn）　　欣（xīn）

念一念

辛勤（xīnqín）　　拼音（pīnyīn）　　濒临（bīnlín）　　引进（yǐnjìn）　　信心（xìnxīn）

金银（jīnyín）　　亲近（qīnjìn）　　贫民（pínmín）　　临近（línjìn）　　音频（yīnpín）

ü — n — ün

听一听

晕（yūn）　　云（yún）　　允（yǔn）　　运（yùn）　　军（jūn）　　群（qún）　　训（xùn）

念一念

均匀（jūnyún） 缊缊（yúnyún） 军训（jūnxùn） 循循（xúnxún） 寻菌（xúnjūn）

ian、uen、uan、üan的发音要领：做好前一个音的发音状态，然后发响后面的前鼻韵音。

i — an — ian

听一听

烟（yān）	盐（yán）	演（yǎn）	厌（yàn）	边（biān）	骗（piàn）
免（miǎn）	店（diàn）	田（tián）	联（lián）	念（niàn）	千（qiān）

念一念

见面（jiànmiàn）	前言（qiányán）	棉签（miánqiān）	免检（miǎnjiǎn）
艰险（jiānxiǎn）	鲜艳（xiānyàn）	缅甸（miǎndiàn）	甜点（tiándiǎn）
偏见（piānjiàn）	演变（yǎnbiàn）		

u — an — uan

听一听

弯（wān）	玩（wán）	晚（wǎn）	万（wàn）	断（duàn）	川（chuān）
团（tuán）	观（guān）	砖（zhuān）	暖（nuǎn）	闩（shuān）	软（ruǎn）

念一念

贯穿（guànchuān）	转弯（zhuǎnwān）	专断（zhuānduàn）	传唤（chuánhuàn）
乱窜（luàncuàn）	婉转（wǎnzhuǎn）	宽缓（kuānhuǎn）	涮碗（shuànwǎn）
酸软（suānruǎn）	换算（huànsuàn）		

u — en — uen

听一听

温（wēn）	文（wén）	稳（wěn）	问（wèn）	吨（dūn）	屯（tún）
论（lùn）	准（zhǔn）	纯（chún）	顺（shùn）	润（rùn）	昏（hūn）

 念一念

温顺（wēnshùn）　　论文（lùnwén）　　混沌（hùndùn）　　春笋（chūnsǔn）

昆仑（kūnlún）　　　伦敦（lúndūn）　　抡棍（lūngùn）　　温存（wēncún）

稳准（wěnzhǔn）　　谆谆（zhūnzhūn）

ü — an — üan

🎧 听一听

冤（yuān）　　缘（yuán）　　远（yuǎn）　　院（yuàn）　　尖（jiān）

权（quán）　　绚（xuàn）

📖 念一念

源泉（yuánquán）　　　　轩辕（xuānyuán）　　　　渊源（yuānyuán）

圆圈（yuánquān）　　　　涓涓（juānjuān）

（二）后鼻韵母的发音要领

后鼻韵母发音结束时，舌根与软腭接触。

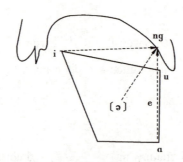

ang、eng、ing、ong 的发音要领：发响单韵母，然后舌根上抬接触软腭，使气流从鼻腔通过。

a — ng — ang

🎧 听一听

肮（āng）　　昂（áng）　　盎（àng）　　帮（bāng）　　囊（náng）　　唱（chàng）

糖（táng）　　商（shāng）　　港（gǎng）　　丈（zhàng）　　扛（káng）　　让（ràng）

念一念

沧桑（cāngsāng）　　帮忙（bāngmáng）　　港商（gǎngshāng）　　党章（dǎngzhāng）
螳螂（tángláng）　　苍茫（cāngmáng）　　张榜（zhāngbǎng）　　盲肠（mángcháng）
烫伤（tàngshāng）　　锒铛（lángdāng）

　　　e — ng — eng

听一听

崩（bēng）　　蒙（méng）　　正（zhèng）　　封（fēng）　　成（chéng）　碰（pèng）
生（shēng）　　羹（gēng）　　能（néng）　　扔（rēng）　　恒（héng）　层（céng）

念一念

丰盛（fēngshèng）　　升腾（shēngténg）　　更正（gēngzhèng）　　蒸腾（zhēngténg）
奉承（fèngchéng）　　风筝（fēngzheng）　　逞能（chěngnéng）　　省城（shěngchéng）
生猛（shēngměng）　　等等（děngdeng）

　　　i — ng — ing

听一听

鹰（yīng）　　营（yíng）　　影（yǐng）　　映（yìng）　　冰（bīng）　凭（píng）
命（mìng）　　厅（tīng）　　形（xíng）　　定（dìng）　　请（qǐng）　凝（níng）

念一念

叮咛（dīngníng）　　　　秉性（bǐngxìng）　　　　蜻蜓（qīngtíng）
宁静（níngjìng）　　　　精灵（jīnglíng）　　　　清醒（qīngxǐng）
硬性（yìngxìng）　　　　平静（píngjìng）　　　　姓名（xìngmíng）
命令（mìnglìng）

　　　o — ng — ong

听一听

东（dōng）　　通（tōng）　　农（nóng）　　众（zhòng）　　龙（lóng）　充（chōng）

孔（kǒng）　　　容（róng）　　　总（zǒng）　　　聪（cōng）　　　送（sòng）功（gōng）

念一念

轰动（hōngdòng）　　　工农（gōngnóng）　　　红肿（hóngzhǒng）　　　从容（cóngróng）
共同（gòngtóng）　　　浓重（nóngzhòng）　　　恐龙（kǒnglóng）　　　动工（dònggōng）
通融（tōngróng）　　　松动（sōngdòng）

　　iang、uang、ueng、iong 的发音要领：做好前一个音的发音状态，然后发响后面的后鼻韵音。

　　i — ang — iang

听一听

央（yāng）　　　羊（yáng）　　　养（yǎng）　　　样（yàng）
娘（niáng）　　　将（jiāng）　　　想（xiǎng）

念一念

两江（liǎngjiāng）　　　亮相（liàngxiàng）　　　良将（liángjiàng）　　　奖项（jiǎngxiàng）
湘江（xiāngjiāng）　　　痒痒（yǎngyang）　　　想象（xiǎngxiàng）　　　踉跄（liàngqiàng）
粮饷（liángxiǎng）　　　娘娘（niángniang）

　　u — ng — uang

听一听

汪（wāng）　　　王（wáng）　　　网（wǎng）　　　望（wàng）
光（guāng）　　　壮（zhuàng）　　　筐（kuāng）　　　闯（chuǎng）
慌（huāng）　　　爽（shuǎng）　　　黄（huáng）　　　创（chuàng）

念一念

状况（zhuàngkuàng）　　　双簧（shuānghuáng）　　　狂妄（kuángwàng）
装潢（zhuānghuáng）　　　窗框（chuāngkuàng）　　　网状（wǎngzhuàng）
矿床（kuàngchuáng）　　　双双（shuāngshuāng）　　　王庄（wángzhuāng）
忘光（wàngguāng）

u — eng — ueng

听一听

翁（wēng）　　　　蓊（wěng）　　　　瓮（wèng）

念一念

嗡嗡（wēngwēng）　　渔瓮（yúwèng）　　蓊郁（wěngyù）

瓮城（wèngchéng）　　主人翁（zhǔrénwēng）

i — ong — iong

听一听

拥（yōng）　永（yǒng）　用（yòng）　炯（jiǒng）　雄（xióng）　琼（qióng）

念一念

用功（yònggōng）　　炯炯（jiǒngjiǒng）　　汹涌（xiōngyǒng）　　熊熊（xióngxióng）

一试身手

1.请读下列前、后鼻韵绕口令，要求语音清晰，由慢到快练习。

小陈去卖针，小沈去卖盆。

俩人挑着担，一起出了门。

小陈喊卖针，小沈喊卖盆。

也不知是谁卖针，也不知是谁卖盆。（en）

——《小陈和小沈》

山岩出山泉，山泉源山岩，

山泉抱山岩，山岩依山泉，

山泉冲山岩。（ian üan）

——《山岩出山泉》

红饭碗，黄饭碗，红饭碗盛满饭碗，

黄饭碗盛半饭碗，黄饭碗添半碗饭，

像红饭碗一样满饭碗。（uan）

——《红饭碗，黄饭碗》

山上青松根连根，

各族人民心连心。

根连根，心连心，

建设祖国一股劲。 （in）

——《根连根》

蓝天上是片片白云，

草原上是银色的羊群。

近处看，这是羊群，那是白云；

远处看，分不清哪是白云，哪是羊群。（ün）

——《白云与羊群》

小江拿着一包糖，小方提着一只缸。

小江上楼，脚一滑，打翻了小江手中一包糖。

小方慌忙来帮忙，拾起糖，装进缸，缸里装着一包糖。

小江小方端起缸，吃了糖，把楼上。 （ang）

——《糖和缸》

老彭拿着一个盆，路过老陈住的棚，

盆碰棚，棚碰盆，棚倒盆碎棚压盆。

老陈要赔老彭的盆，老彭不要老陈来赔盆。

老陈陪着老彭去补盆，老彭帮着老陈来修棚。（en eng）

——《盆碰棚》

青龙洞中龙做梦，青龙做梦出龙洞，

做了千年万载梦，龙洞困龙在深洞。

自从来了新愚公，愚公捅开青龙洞，

青龙洞中涌出龙，龙去农田做农工。（ong）

——《青龙洞》

十字路口指示灯，红黄绿色分得清。

绿灯行，红灯停，红灯停，绿灯行。（ing）

——《指示灯》

东边来了一只小山羊，

西边来了一只大灰狼，

一起走到小桥上，

大灰狼不让小山羊，

小山羊叫大灰狼让小山羊，

大灰狼叫小山羊让大灰狼，

羊不让狼，狼不让羊，

扑通一起掉到河中央。（iang）

——《羊和狼》

刮着大风放风筝，风吹风筝挣断绳。

风筝断绳风筝松，断绳风筝随风行。

风不停，筝不停，风停风筝自不行。（eng ing）

——《放风筝》

老翁卖酒老翁买，

老翁买酒老翁卖。（ueng）

——《老翁和老翁》

2. 请朗读下列诗文，注意声韵调的准确。

横看成岭侧成峰，远近高低各不同，

不识庐山真面目，只缘身在此山中。

——苏轼 《题西林壁》

月落乌啼霜满天，江风渔火对愁眠，

姑苏城外寒山寺，夜半钟声到客船。

——张继《枫桥夜泊》

假如你不够快乐，

也不要把眉头深锁，

人生本来短暂，

为什么还要栽培苦涩?

打开尘封的门窗,

让阳光雨露洒满每个角落,

走向生命的原野,

让风儿卫平前额。

博大可以是稀释忧愁,

深色能够覆盖浅色。

——汪国真《假如你不够快乐》

有人说青春是一首歌,旋律优美而婉转;有人说青春是一首诗,总让人读不懂;也有人说青春是一杯酒,有着酸、甜、苦、辣,让你尝不尽。而我说青春是一朵花,有含苞欲放的羞态,有展颜盛开的美姿,还有凋谢的满足和无愧,因为它曾经展现过自己,争芳斗艳、笑傲群雄。

我们正处妙龄,花季给予我们太多的幻想和向往,也给予我们太多的快乐和忧愁,为人生的画卷添了几笔,也许这花季的年龄是既精彩又无奈的吧!

——林美云《花季年龄》

字音提示

青春(qīngchūn)　　婉转(wǎnzhuǎn)　　　总(zǒng)　　酸(suān)　　姿(zī)
曾经(céngjīng)　　给予(jǐyǔ)　　　年龄(niánlíng)　　　精彩(jīngcǎi)

暖风吹过的季节,天空清澈如洗

柳絮漫天飞舞,飘落在悄然萌动的大地

年轻的生命在土壤里蠕动

勃发的乐曲在心里流淌

年轻的我们,拥有不变的誓言

年轻的我们将坚定的目光投向更远的地方

起跑线上,出发的那一刻起,就注定我们要追着东升的朝阳

刚毅、自信的脸庞,在等待胜利的曙光

紧握住那一滴汗水,任泪水在脸上流淌

只为掌声响起那一刻的到来

青春无悔，既然选择了蓝天，也就选择了飞翔，

哪怕有一天会有一双滴血的翅膀 既然选择了拼搏，

也就选择了风雨

哪怕会有荆棘丛生在未来的路上

青春，从我们选择了以后便定格了人生的航向

青春，从我们选择了以后便注定了奋斗而无常

青春，从我们选择了以后便迎来了风雨兼程

青春，从我们选择了以后便变得绚丽而辉煌

看，跳动的火焰

正是青春的怒放

听，欢跃的脚步

正是青春追逐梦想的音响

热血在青春的躯体里不知疲倦

激情在青春的肢体上刚劲而轻盈

让我们高唱青春的赞歌

一路欢声

一路歌唱

追逐梦想 奔向远方

——《青春赞歌》

字音提示

清澈（qīng chè）　　　萌动（méng dòng）　　　蠕动（rú dòng）

拼搏（pīn bó）　　　　追逐（zhuī zhú）　　　　梦想（mèng xiǎng）

微笑，世上最干净的心灵语言在传递。

微笑，只是一种微小的礼貌情感表露。它却像行走在沙漠的人看到希望的绿洲，走在冰天雪地的人看到生有炉火的小屋。它像一场春雨滋润生命快乐，它像一缕阳光温暖生命蓬勃；它像花香飘过心田，它像山泉浸润心窝，它像山歌醉在心……

微笑，是一种宽容，一种接纳。它很弱小，不起眼。它却是内心深处真诚善良的流露，它却是最干净的心灵语言在人与人传递。微笑可以：赠玫留香，以德换怨。……微笑是

人人都拥有的财富，是自信的标志，是教养礼貌的表现。一个简单的微笑，远比滔滔不绝，高谈阔论容易获得别人的好印象，也更容易让人接纳；一个简单的微笑，远比一个人穿着一套高档，华丽的衣服更引人的注意力，也更容易受人欢迎。

微笑，是一种谦让，一种大度，一种冷静，更是一种处事态度；也是人与人之间亲切友好最具有感染力和美感的表情；生活中，就是有人用不好这干净的心灵语言，且大有人在：小到让座排位，小摩擦小纠纷，不必要的琐事争执，言语犀利伤人自伤，鸡毛蒜皮小事等等；达到争个输赢博个脸面；大到言语伤害，泄发暴戾之气，造成不可挽回之损失。

……

当小小微笑能从你内心干净的流出，生活就会变得像一首歌那样轻快流畅，像一只鸟一样自由飞翔，像一花一样美丽芬芳，像一朵云一样洁白无瑕；那时笑颜常开是易事，心情舒畅乃常有，快乐随行成普通。亮出写照心灵的微笑，不用化妆生活，它就是最好的补救，用心灵的语言，化解你心灵的沉垢，织一片天空，给一片色彩；于人于己，留下褪不掉的回味！

——李治《微笑》

字音提示

蓬勃（péng bó）　　接纳（jiē nà）　　真诚（zhēn chéng）　　高档（gāo dàng）
处事（chǔ shì）　　摩擦（mó cā）　　琐事（suǒ shì）　　暴戾（bào lì）

3. 普通话测试的针对性训练。

（1）请朗读下列单音节字词，要求：看清字形，不念别字；注意声韵调的准确。

夺 涛 孩 客 牌 贼 惹 糙 嗽 拷 蛮 甘 分 晨 怎 瓢 昌 贴 妙 巧
姐 妮 恬 进 秦 酿 屏 怒 掘 绢 夸 鹏 赠 顾 卓 绰 欢 赚 坤 幢
荣 掘 妄 兄 轩 荸 软 嘉 灿 答 筛 邹 再 抖 拗 纺 恼 仇 玄 孟
远 燃 粉 质 锥 喘 橙 筹 冲 簇 蒜 直 貌 抽 缠 凑 慎 缝 横 碰

（2）请朗读下列双音节字词，要求：看清字形，不念别字；注意声韵调的准确。

毛坯　矛盾　没有　枚举　眉目　梅花　青霉　媒介　窍门　联盟
蒙蔽　弥漫　谜语　睡眠　绵延　瞄准　民族　名词　明白　鸣谢
临摹　模糊　薄膜　磨擦　磨练　南方　难道　阻挠　能够　橡皮

疲倦	啤酒	贫乏	频率	苹果	任凭	整齐	祈祷	其实	象棋
钱财	潜心	强调	墙壁	乔装	安宁	叮咛	牛奶	农民	浓度
奴隶	挪动	磅礴	咆哮	培养	花盆	亲朋	膨胀	桥梁	亚洲
贫穷	求学	足球	泉水	燃烧	人员	仁慈	荣誉	宽容	溶化
融合	柔嫩	熟练	通俗	随和	搪塞	课堂	提高	问题	填写
条件	调皮	停止	同情	斥责	协调	新型	进行	雄伟	熊猫
玄妙	凯旋	投票	地图	前途	违反	围墙	维护	文化	新闻
管辖	闲话	严重	语言	研究	岩石	发炎	沿革	盐酸	颜料
表扬	窑洞	仪器	适宜	转移	欢迎	营养	盈余	为难	沉浮

第五节

语流音变

问题思考

1. 什么是语流音变?
2. 普通话语流音变有哪些主要现象?
3. 普通话语流中的音变规律是什么?

请读读下面的语段,注意按括号里的注音,读准加点的字词,你有怎样的感受?

A. 儿时的朋友啊(ā),海波啊(ā),山影啊(ā),灿烂的晚霞啊(ā),悲壮的喇叭啊（ā），我们如今是疏远了吗？

——摘自冰心《繁星》

B．天上（tiān·shàng）风筝（fēngzhēng）渐渐多了，地上（dì·shàng）孩子（háizǐ）也多了。城里（chéng·lǐ）乡下（xiāng·xià），家家户户，老老小小，也赶趟儿（gǎntàng'ér）似的，一个个都出来（chū·lái）了。舒活（shū·huó）舒活（shū·huó）筋骨，抖擞抖擞精神，各做各的一份儿（yífèn'ér）事去。"一年之计在于春"，刚起头儿（qǐtóu'ér），有的是工夫（gōngfū），有的是希望。

春天像刚落地的娃娃（wáwá），从头到脚都是新的，它生长着。春天像小姑娘（gūniáng），花枝招展的，笑着，走着。春天像健壮的青年，有铁一般的胳膊（gēbó）和腰脚，他领着我们（wǒmén）上前去。

——摘自朱自清《春》

试试看，把上面两段文字括号中的注音改一改，再读一读，感受一下，有何不同呢？

A．儿时的朋友啊（wa），海波啊（ya），山影啊（nga），灿烂的晚霞啊（ya），悲壮的喇叭啊（ya），我们如今是疏远了吗？

——摘自冰心《繁星》

B．天上（tiān·shang）风筝（fēngzheng）渐渐多了，地上（dì·shang）孩子（háizi）也多了。城里（chéng·li）乡下（xiāng·xia），家家户户，老老小小，也赶趟儿（gǎntàngr）似的，一个个都出来（chū·lai）了。舒活（shū·huo）舒活（shū·huo）筋骨，抖擞抖擞精神，各做各的一份儿（yífènr）事去。"一年之计在于春"，刚起头儿（qítóur），有的是工夫（gōngfu），有的是希望。

春天像刚落地的娃娃（wáwa），从头到脚都是新的，它生长着。春天像小姑娘（gūniang），花枝招展的，笑着，走着。春天像健壮的青年，有铁一般的胳膊（gēbo）和腰脚，他领着我们（wómen）上前去。

——摘自朱自清《春》

我们在说话或朗读的时候，总是把一些语言单位组成词、句连续发出说出，形成连续的语流。在语流中，由于受到相邻音素的影响或表情达意的需要，部分音节中的声母、韵母或声调会发生一些语音的变化，这种现象叫作"语流音变"。在日常交流中，我们常常会遇到语流音变，如果处理不好，就会影响我们的普通话语感和表达效果。只有了解、掌握了语流中的音变规律，我们的普通话才能说得纯正、地道。

普通话中语流音变的规律主要体现在"啊"的音变、轻声、儿化以及变调四个方面。

一 "啊"的音变

"啊"是表达语气、情感最常用的一个词语。要正确、流利、有感情地诵读，有必要掌握"啊"的音变规律。

（一）音调变化

"啊"字用在句首或单念时作叹词，读"a"，其音变表现为音调的变化：

1. 表示惊异赞叹读一声。　　如："啊！我长出一条新尾巴了！"

2. 表示追问读二声。　　　如："啊？你说什么呀？"

3. 表示惊疑读三声。　　　如："啊，怎么会这样呢？"

4. 表示应诺（音稍短）或明白过来（音稍长）时，读四声。

如："啊，好，我马上就过来。"

"啊！原来是这样，我知道了。"

（二）读音变化

分 类	前面音节的末尾音素	读 音	举 例
1	i ü a o（除 ao iao 外）e ê	呀（ya）	好热啊！注意啊！找他啊！
2	u ao iao	哇（wa）	真苦啊！多好啊！不巧啊！
3	n	哪（na）	要小心啊！这时怎么办啊？
4	ng	（nga）	饭好香啊！这花真漂亮啊！
5	-i（前）	（za）	快写字啊！那人好自私啊！
6	-i（后）	（ra）	是不是啊？他就是老二啊！

"啊"字在句尾或句中时作助词，受到前面音节末尾音素的影响，读音会发生如下变化：

掌握"啊"的变读规律，并不需要一一硬记。实际上，表格中的六类音变规律，除第二类中的"ao、iao"需要记忆，其余均可如下处理：

（1）不能拼的，即前一个音节的尾音是 i、ü、a、o、e、ê 时，读时中间加 i，读成 ya。也可把"啊"写作"呀"。

（2）能拼的，前面是什么，就和谁相拼。只需将前面音节的末尾音素与"a"相结合顺势连读，"啊"的音变就会自然读出来了。

念一念

（ya）车真多啊！外面在下大雨啊！一定要好好学习啊！快来吃菠萝啊！日子过得真快啊！

（wa）树真高啊！他真瘦啊！看你一身油啊！屋顶还在漏啊？大家一起跳啊！你的口气可不小啊！

（na）我真冤啊！他笑得真欢啊！这件事不简单啊！空气多么清新啊！你别喝太多冷饮啊！

（nga）他很忙啊！这可不行啊！这可不管用啊！你们小点儿声啊！大家要一起唱啊！这木头真硬啊！

（ra）谁撕了一地纸啊！这是要紧事啊！这儿真好玩儿啊！大家请随便吃啊！这是一首好诗啊！

（za）不能太自私啊！这是烧茄子啊！你看过几次啊？今天星期四啊！

试一试

先在括号里写出"啊"的实际读音，再读一读

（1）东也闹兵，西也闹兵，谁敢走啊（　　　）？

（2）在它看来，这狗该是多么庞大的怪物啊（　　　）！

（3）可真是一方水土养一方人啊（　　　）！

（4）是啊（　　　），我们有自己的祖国，小鸟也有它的归宿，人和动物都是一样啊（　　　），哪儿也不如故乡好！

（5）清晨，当第一束阳光射进舷窗时，它便敞开美丽的歌喉，唱啊（　　　）唱，

嘤嘤有韵，宛如春水淙淙。

（6）推开门一看，嗬！好大的雪啊（　　）！

（7）人生会有多少个第一次啊（　　）！

（8）就是那根最大的树枝啊（　　）。

 **读一读**

普通话水平测试作品

没有一片绿叶，没有一缕炊烟，没有一粒泥土，没有一丝花香，只有水的世界，云的海洋。

一阵台风袭过，一只孤单的小鸟无家可归，落到被卷到洋里的木板上，乘流而下，姗姗而来，近了，近了！……

忽然，小鸟张开翅膀，在人们头顶盘旋了几圈，"噗啦"一声落到了船上。许是累了？还是发现了"新大陆"？水手撵它，它不走；抓它，它乖乖地落在掌心。可爱的小鸟和善良的水手结成了朋友。

瞧，它多美丽，娇巧的小嘴，啄理着绿色的羽毛，鸭子样的扁脚，呈现出春草的鹅黄。水手们把它带到舱里，给它"搭铺"，让它在船上安家落户。每天，把分到的一塑料桶淡水匀给它喝，把从祖国带来的鲜美鱼肉分给它吃，天长日久，小鸟和水手的感情日趋笃厚。清晨，当第一束阳光射进舷窗时，它便敞开美丽的歌喉，唱啊唱，嘤嘤有韵，宛如春水淙淙。人类给它以生命，它毫不悭吝地把自己的艺术青春奉献给了哺育它的人。可能都是这样？艺术家们的青春只会献给尊敬他们的人。

小鸟给远航生活蒙上了一层浪漫色调，返航时，人们爱不释手，恋恋不舍地想把它带到异乡。可小鸟憔悴了，给水，不喝！喂肉，不吃！油亮的羽毛失去了光泽。是啊，我们有自己的祖国，小鸟也有它的归宿，人和动物都是一样啊，哪儿也不如故乡好！

慈爱的水手们决定放开它，让它回到大海的摇篮去，回到蓝色的故乡去。离别前，这个大自然的朋友与水手们留影纪念。它站在许多人的头上，肩上，掌上，胳膊上，与喂养过它的人们，一起融进那蓝色的画面……

——摘自王文杰《可爱的小鸟》

字音提示

缕（lǚ）　　　　鸟（niǎo）　　　乘（chéng）　　　姗（shān）　　　　噗（pū）

翅膀（chìbǎng）　　撵（niǎn）　　　啄（zhuó）　　　鲜美（xiānměi）　　日趋（rìqū）

笃厚（dǔhòu）　　舷窗（xiánchuāng）　　　　　　　嘤（yīng）　　　　韵（yùn）

春水淙淙（chūnshuǐcóngcóng）　　　　　　　　毫不悭吝（háobùqiānlìn）

二 轻声

曾听过这样一个笑话：

一个外国留学生在北京一所大学里学习中文。一次学校召开会议，他正好外出未归。

同学找不到他，就给他留了一个纸条："系里开会，请马上到三会议室来。"结果，会快结束时，这个留学生满头大汗地跑来了，对主持会议的老师说："对不起，老师。我没有找到马，所以只能自己跑来了。"在场的师生全愣住了……原来，这位留学生，错误地理解了"马上（mǎshang）"的含义，认为是要求他骑在马上（shàng）来开会。所以四处找马不成，才跑到会场……

这虽然是外国人学汉语闹出的笑话，但我们却可以从中看到"上"字的读音在语流中所产生的音变。

普通话的每一个音节都有一定的声调，但在词和句子中有的音节失去其原有的声调，读得轻而短，就是"轻声"。读轻声的音节叫作轻声音节。例如，"桌子、舌头、聪明、喜欢"等词里的第二个音节就是轻声音节。轻声没有固定的调值，一般要根据前一个字的声调来确定，所以不标声调。

（1）轻声不是单纯的语音现象，它和语法有着密切的关系，并且有比较强的规律性。下列一些语法成分都读轻声：

　①语气词：吧、吗、呢、啊等　　　　如：吃吧、走吗、去呢、跑啊

　②结构助词：的、地、得　　　　　　如：我的书、慢慢地走、跑得很快

　③动态助词：了、着、过　　　　　　如：走了、看着、去过

　④名词的后缀：们、子、头　　　　　如：你们、房子、石头

　⑤名词后面表示方位的：上、下、里　如：桌上、地下、院里

　⑥叠音动词的第二个音节　　　　　　如：看看、说说、问问

⑦ 叠音名词的第二个音节，　　　　　　　　如：妈妈、爸爸、哥哥、星星、娃娃

（注意："家家户户"、"人人"不能读轻声）

（2）有的轻声音节可以区别词义。如：

买卖（mǎi mai）：生意	买卖（mǎi mài）：买和卖
大意（dà yi）：疏忽，没有注意	大意（dà yì）：主要的意思
地道（dì dao）：纯粹，真正	地道（dì dào）：地下通道
东西（dōng xi）：泛指各种事物	东西（dōng xī）：东面和西面

（3）有些词语里的轻声音节并不区别意义，只是北京语音中约定俗成的语言习惯。
如："衣服、豆腐、薄荷、扁担、认识、打听、拾掇、漂亮、干净、凉快"等词的第二
个音节，习惯上要读轻声。

（4）轻声的读法：

轻声在不同的音节中的读音高低是不一样的，一般要由前一个音节的声调而定。

一般来说，阴平（一声）、阳平（二声）后的轻声音节和去声（四声）后的轻声音节，
音高稍低一些；上声（三声）后的轻声音节，音高稍高一些。

听吧（tīngba）	来吧（láiba）	走吧（zǒuba）	去吧（qùba）
东边（dōngbian）	南边（nánbian）	里边（lǐbian）	后边（hòubian）
答应（dāying）	徒弟（túdi）	女婿（nǚxu）	护士（hùshi）
亲戚（qīnqi）	学生（xuésheng）	底细（dǐxi）	意思（yìsi）
天上（tiānshang）	河上（héshang）	手上（shǒushang）	地上（dìshang）

哥哥　　爷爷　　姐姐　　弟弟　　杯子　　脖子　　胆子　　调子

官司	合同	骨头	客气	家伙	糊涂	伙计	见识
欺负	含糊	脊梁	记性	结实	咳嗽	姐夫	漂亮
分寸	南瓜	耳朵	厉害	亲戚	蘑菇	暖和	热闹
干净	和尚	点心	戒指	芝麻	眉毛	主意	队伍

读一读

普通话水平测试作品

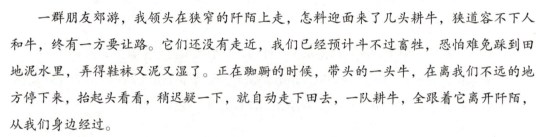

对于中国的牛，我有着一种特别尊敬的感情。

留给我印象最深的，要算在田垄上的一次"相遇"。

一群朋友郊游，我领头在狭窄的阡陌上走，怎料迎面来了几头耕牛，狭道容不下人和牛，终有一方要让路。它们还没有走近，我们已经预计斗不过畜牲，恐怕难免踩到田地泥水里，弄得鞋袜又泥又湿了。正在踟蹰的时候，带头的一头牛，在离我们不远的地方停下来，抬起头看看，稍迟疑一下，就自动走下田去，一队耕牛，全跟着它离开阡陌，从我们身边经过。

我们都呆了，回过头来，看着深褐色的牛队，在路的尽头消失，忽然觉得自己受了很大的恩惠。

中国的牛，永远沉默地为人做着沉重的工作。在大地上，在晨光或烈日下，它拖着沉重的犁，低头一步又一步，拖出了身后一列又一列松土，好让人们下种。等到满地金黄或农闲时候，它可能还得担当搬运负重的工作，或终日绕着石磨，朝同一方向，走不计程的路。

在它沉默的劳动中，人便得到应得的收成。

那时候，也许，它可以松一肩重担，站在树下，吃几口嫩草。偶尔摇摇尾巴，摆摆耳朵，赶走飞附身上的苍蝇，已经算是它最闲适的生活了。

中国的牛，没有成群奔跑的习惯，永远沉沉实实的，默默地工作，平心静气。这就是中国的牛。

——摘自小思《中国的牛》

字音提示

阡陌（qiānmò）　　　耕牛（gēngniú）　　　畜牲（chùshēng）　　　踟蹰（chíchú）

深褐色（shēnhèsè）　　　沉默（chénmò）　　　　收成（shōuchéng）　　　苍蝇（cāngying）
嫩草（nèncǎo）

天上日头，地上石头，

床上枕头，桌上纸头，

嘴里舌头，手上指头，

树上枝头，集上市头。

　　　　　　　　　　　　　　　　　　　　　　——选自《天上日头》

郭伯伯，买火锅，

带买墨水和馍馍。

墨水馍馍装火锅，

火锅磨得墨瓶破。

伯伯回家交婆婆，

婆婆掀锅拿馍馍。

墨色馍馍满火锅，

婆婆坐着默琢磨：

莫非是摩登产品外国货。

　　　　　　　　　　　　　　　　　　　　　　——选自《郭伯伯》

三 儿化

　　普通话语流中，许多词汇在音节末尾加上卷舌（er）音，er 和前面的音节产生连音变化，成为一个带卷舌动作的韵母，变成又短又弱的卷舌音，这种现象就叫作儿化。这个带儿化的韵母就叫"儿化韵"。儿化后的字音仍是一个音节，但一般用两个汉字来表示。用汉语拼音字母书写时，需在原有音节之后加上"r"。如芋儿（yùr）、老头儿（lǎotóur）等。

　　儿化是北京语音里的一个十分突出的音变现象，多用于口语之中。在普通话（特别是口语）中，有些词语如果不儿化，听起来就很别扭。如："冰棍儿、三轮儿、汽水儿、小孩儿、拐棍儿、摆摊儿、包干儿"等。

　　儿化除在表达词语的语法意义和修辞色彩上起着积极的作用外，还有以下作用：

1. 区别词义

信：信件　　信儿：消息　　头：脑袋　　头儿：领头的、首领

眼：眼睛　　眼儿：小孔　　末：最后　　末儿：细碎的或呈粉状的东西

2. 改变词性

盖：动词，遮上、蒙上　　　　　　　　盖儿：名词，盖子

画：动词，绘画　　　　　　　　　　　画儿：名词，图画

尖：形容词，末端锐利　　　　　　　　尖儿：名词，锐利的末端

一点：名词，时间　　　　　　　　　　一点儿：量词，少量、少许

注意：在具有区别词义和辨别词性作用的语境中，该儿化的地方必须儿化，否则就会产生歧义。

3. 表示细、小、轻、微的性状

门缝儿、小曲儿、一会儿、打盹儿、小偷儿

4. 表示喜爱温婉的感情色彩

老头儿、老伴儿、大院儿、大婶儿、东边儿、慢慢儿、小鱼儿、来玩儿

注意：有时在诗歌、散文等抒情类作品中，有时根据节律、押韵的需要，"儿"要成独立音节。如：

（1）鸟儿将巢安在繁花绿叶当中……

（2）太阳热热地晒着，蝉儿高唱，稻花飘香。

普通话的韵母除了ê、er以外都可以儿化。儿化韵的变化规律，见表2-3：

表2-3

音节韵尾	变化方法	例字	
		注音	读作
韵母或韵尾是 a、o、e、u	+r	浪花儿 lànghuār　　围脖儿 wéibór 硬壳儿 yìngkér　　舌头儿 shétóur 在哪儿 zàinǎr　　离谱儿 lípǔr	
韵尾是 n、ng	去掉 n、ng+r （元音鼻化）	药方儿 yàofāngr 帮忙儿 bāngmángr 裤缝儿 kùfèngr 传单儿 chuándānr	yàofār bāngmár kùfèr chuándār
韵母是 in、ün	去掉 n+er	长裙儿 chángqúnr 用劲儿 yòngjìnr 手印儿 shǒuyìnr 送信儿 sòngxìnr	chángquér yòngjìer shǒuyìer sòngxìer

续表

音节韵尾	变化方法	例字	
		注音	读作
韵母是 ing	去掉 ng+er（元音鼻化）	电影儿 diànyǐngr 图钉儿 túdīngr 门铃儿 ménlīngr 蛋清儿 dànqīngr	diànyíer túdīer ménlíer dànqīer
韵母是 i、ü	+er	小鱼儿 xiǎoyúer 饺子皮儿 jiǎozipier 玩意儿 wányìer	
韵尾是 i	去掉 i+r	口味儿 kǒuwèir 小孩儿 xiǎoháir 宝贝儿 bǎobèir 一块儿 yīkuàir	kǒuwèr xiǎohár bǎobèr yīkuàr
韵母是 -i	去掉 -i+er	写字儿 xiězìr 高枝儿 gāozhīr 戏词儿 xìcír 锯齿儿 jùchǐr 柳丝儿 liǔsīr 办事儿 bànshìr	xiězer gāozher xìcer jùcher liǔser bànsher

音频资料

合群儿（héqúnr）　　加塞儿（jiāsāir）　　门槛儿（ménkǎnr）

赶趟儿（gǎntàngr）　　豆芽儿（dòuyár）　　刀背儿（dāobèir）

小鞋儿（xiǎoxiér）　　饭馆儿（fànguǎnr）　　毛驴儿（máolúr）

被窝儿（bèiwōr）　　笑话儿（xiàohuar）　　天窗儿（tiānchuāngr）

饭盒儿（fànhér）　　脚印儿（jiǎoyìnr）　　花瓶儿（huāpíngr）

烟卷儿（yānjuǎnr）

念一念

老伴儿	脸蛋儿	光杆儿	差点儿	个儿	干活儿	人缘儿	找茬儿
好好儿	有门儿	打杂儿	刀把儿	画儿	聊天儿	一下儿	这会儿
走神儿	面条儿	火苗儿	年头儿	球儿	小辫儿	影片儿	快板儿
好玩儿	玩意儿	唱片儿	通气儿	空儿	一阵儿	胖墩儿	收摊儿

读一读

普通话水平测试作品

音频资料

对于一个在北平住惯的人，像我，冬天要是不刮风，便觉得是奇迹；济南的冬天是没有风声的。对于一个刚由伦敦回来的人，像我，冬天要能看得见日光，便觉得是怪事；济南的冬天是响晴的。自然，在热带的地方，日光是永远那么毒，响亮的天气，反有点叫人害怕。可是，在北中国的冬天，而能有温晴的天气，济南真得算个宝地。

设若单单是有阳光，那也算不了出奇。请闭上眼睛想：一个老城，有山有水，全在天底下晒着阳光，暖和安适地睡着，只等春风来把它们唤醒，这是不是理想的境界？小山把济南围了个圈儿，只有北边缺着点口儿。这一圈小山在冬天特别可爱，好像是把济南放在一个小摇篮里，它们安静不动地低声说："你们放心吧，这儿准保暖和。"济南的人们在冬天是面上含笑的。他们一看那些小山，心中便觉得有了着落，有了依靠。他们由天上看到山上，便不知不觉地想起："明天也许就是春天了吧？这样的温暖，今天夜里山草也许就绿起来了吧？"就是这点幻想不能一时实现，他们也并不着急，因为这样慈善的冬天，干什么还希望别的呢！

最妙的是下点小雪呀。看吧，山上的矮松越发的青黑，树尖上顶着一髻儿白花，好像日本看护妇。山尖全白了，给蓝天镶上一道银边。山坡上，有的地方雪厚点，有的地方草色还露着；这样，一道儿白，一道儿暗黄，给山们穿上一件带水纹的花衣；看着看着，这件花衣好像被风儿吹动，叫你希望看见一点更美的山的肌肤。等到快日落的时候，微黄的阳光斜射在山腰上，那点薄雪好像忽然害羞，微微露出点粉色。就是下小雪吧，济南是受不住大雪的，那些小山太秀气。

——摘自老舍《济南的冬天》

字音提示

圈儿（quānr） 髻儿（jìr） 点儿（diǎ） 口儿（kǒur）

一圈（yīquān） 风儿（fēngr） 一道儿（yīdàor） 一点儿（yīdiǎnr）

露出点儿（lòuchūdiǎnr） 慈善（císhàn）

练一练

小哥俩儿，红脸蛋儿，

手拉手儿，一块儿玩儿。

小哥俩儿，一个班儿，

一路上学唱着歌儿。

学造句，一串串儿，

唱新歌儿，一段段儿，

小哥俩儿，对脾气儿，

上学念书不费劲儿，

真是父母的好宝贝儿。

——选自《小哥俩儿》

一个白胡子老头儿，登上了一个山头儿，

拿着斧头砍木头，砍了这头儿砍那头儿，

对面儿来了个小丫头儿，送来一盘小馒头儿，

没留神儿撞上一块大木头，摔了一个小跟头儿，

滚了馒头儿碰了头，疼的泪珠儿不住流。

——选自《老头儿和丫头儿》

四 变调（调值发生变化）

音节在连续时，相邻音节声调发生变化的现象叫变调。普通话中的变调主要包括上声变调和"一"和"不"的变调。

（一）上声变调

上声在变调时，实际可分为两个读音：一个是读降调（21），一个是读升调（35）。

1. 上声音节单念或在句尾时不变，念原调（214）

例：真好！朋友送我一对小鸟！

2. 上声音节在一声、二声、四声前念降调，调值变为（21）

例：

在阴平前：北方　　小心　　好听　　傻瓜　　宝珠

在阳平前：启蒙　　雪梅　　海南　　语言　　改革

在去声前：讨论　　铁路　　暑假　　把握　　土地

3. 两个上声音节与上声音节相连，前一个音节念升调，近似二声（35）

例：

舞蹈　　　处理　　　粉笔　　　古老　　　卡尺

4. 三个上声相连时，应根据词语内部组合的不同进行变调

（1）单音节词+双音节词调值变为（21—35—214）。

例：

好领导　　　李厂长　　　很苦恼　　　纸老虎　　　吕表姐

（2）双音节词+单音节词调值变为（35—35—214）。

例：

马尾草　　　展览馆　　　演讲稿　　　品种少　　　处理品

（3）三个都是单音节词时，调值一般变为（35—35—214），也可变为（21—35—214），以听感自然舒服为准。

例：

索马里　　　早午晚　　　软懒散　　　水火土　　　九比九

（4）多个三声相连时，可把语句按词语分段进行变调，或根据对语句的理解进行变调。

例：

永远美好（35—21—35—214）　　　　永远|美好（35—214—35—214）

我给你|把雨伞打好（35—35—214—21—35—21—35—214）

一试身手

1. 听词语或语句，用调号记录声调（老师自选、自编）。

_____ _____ _____

_____ _____ _____

_____ _____ _____

_____ _____ _____

_____ _____ _____

_____ _____ _____

2. 读下列词语，要求：先一字一音读准每一字的声调，再连读词语，将有变调的字音勾画出来。

安分守己	昂首阔步	此起彼伏	春秋战国	穿山越岭
固执己见	独具匠心	唇枪舌剑	对牛弹琴	白马王子
不翼而飞	触类旁通	东南西北	百折不挠	打草惊蛇
粗茶淡饭	搬弄是非	半夜三更	草菅人命	饱经沧桑
肺腑之言	分道扬镳	畅通无阻	奔走相告	锋芒毕露
朝气蓬勃	变本加厉	彻头彻尾	逢凶化吉	俯首贴耳

3. 读下列语句，注意变调的字音。

① 谢谢你送给我九百九十九朵玫瑰！

② 我已经把洗脸水给你打好了。

③ 请你九点五十去机场接李老板。

④ 你属于我，我属于你，生生死死在一起，走千里，走万里，总在你的怀抱里。

⑤ 你找我有急事？好，我马上就到王府井五百零五号来找你。

4. 读下列绕口令，感受声调变化。

小朋友，提兜兜，到田里，拾豆豆。

红豆豆，黄豆豆，胖鼓鼓，圆溜溜。

拾了一兜又一兜，劳动果实别弄丢。

——《拾豆豆》

梁木匠，梁瓦匠，俩梁有事齐商量，

梁木匠天亮晾衣裳，梁瓦匠天亮量高粱，

梁木匠晾衣裳受了凉，梁瓦匠量高粱少了粮，

梁瓦匠思量梁木匠受了凉，梁木匠谅想梁瓦匠少了粮。

——《梁木匠和梁瓦匠》

5. 读下列诗歌、短文，并将上声音变字音勾画出来。

床前明月光，疑是地上霜。

举头望明月，低头思故乡。

——李白《静夜思 》

大森林的早晨多么美，

淡淡的云雾，静静的流水，

山重重，树重重，

重重绿树中鸟儿歌声脆。

大森林的早晨多么美，

古树参天，竹林青翠，

山青青，水潺潺，

潺潺溪水边鲜花笑微微。

我投身在这绿色的怀抱里，

我沐浴在这绿色的海洋里，

我要歌唱，我要赞美，

歌唱这大自然的景色，

赞美这绿色的光辉。

——张士燮《大森林的早晨》

6. 普通话水平测试针对性训练。

请朗读下列单音节词，要求：看清字形，不念别字；保证各声调的完满。

芭	败	搬	背	本	必	边	表	别	病	波	不	擦	才
参	测	层	差	产	长	超	车	沉	吃	程	冲	抽	床
吹	纯	词	从	粗	村	错	呆	担	党	等	低	点	调
动	斗	独	短	堆	恶	儿	发	飞	风	服	改	感	钢
告	格	根	更	工	构	鬼	滚	国	海	寒	好	喝	黑

（二）"一"和"不"的变调

"一""不"都是古清声母的入声字。普通话"一"的单字调是阴平55调值，"不"的单字调是去声51调值，在单念表序数或处在词句末尾的时候，不变调。这两个字的变调取决于后一个连读音节的声调。其音变规律如下：

一	原调（阴平）	单独或在末尾念原调	在非去声前念去声	在去声前变阳平	在重叠词中间念轻声
	yī	一、第一、十一	一天、一杯、一种	一个、一倍	说一说、泡一泡
不	原调（去声）	单念、末尾或非去声前念原调		在去声前变阳平	夹在词语中间念轻声
	bù	不、我不、不听、不少、不白		不快、不看	是不是、追不上

三 读一读

体会"一"和"不"的音变

1.读准下列词语，注意变调。

一共　一致　一度　一概　一定　不对　不干　不拍　不是　不看

一般　一边　一封　一天　一声　不穿　不慌　不宽　不拍　不删

一时　一同　一头　一群　一条　不难　不传　不忙　不嫌　不平

一举　一口　一起　一手　一体　不好　不跑　不好　不巧　不老

说一说　　停一停　　跑一跑　　试一试　　通不通　　行不行　　想不想

去不去　一板一眼　一唱一和　一模一样　一心一意　一张一弛　一丝一毫

一朝一夕　一前一后　不管不顾　不卑不亢　不伦不类　不三不四　不干不净

不折不扣　不上不下　不见不散　一窍不通　一丝不苟　一尘不染　一成不变

一蹶不振　一毛不拔　不可一世　一清早　一身胆　一条龙　一口气

一场空　一点通　一辈子　一系列　一席话　一而再　不相干

不规则　不得已　不起眼　不倒翁　不要紧　不动产　不象话

不锈钢　不道德　不劳而获　不言而喻　不即不离　不遗余力　不计其数

不见经传　不置可否　不义之财　一丝不苟　一朝一夕　一刀两断　一筹莫展

一技之长　一诺千金　一面之词　一泻千里

2.读下列语句，注意变调的字音。

（1）星期一一大早，我就看完了一本书。

（2）你一走，他就给了我一张经典 CD 碟。

（3）如果一定要走，也应该把理由说一说。

（4）想起当年这块不毛之地，真让人不寒而栗。

（5）这个人的打扮不伦不类，真让人不舒服。

（6）这不假思索的一番话，搞得大家不尴不尬。

 **练一练**

《枪和糠》

墙上开着一个窗，窗上挂了一支枪，

窗下放着一箩糠。枪不小心掉进糠，

糠不高兴埋住枪。糠说不让枪上墙，

墙却偏要枪上窗。争去争来不退让，

糠赶不走那支枪，枪也上不了那个窗。

 **念一念**

不行啊	多好啊	就是啊	听啊	快说啊	好啊	孩子啊	真轻啊
买得起	干起来	老头儿	听听	黑猩猩	指头	在家里	一辈子
应酬	孝顺	怎么	庄稼	折腾	收拾	太阳	喜欢
舒服	思量	算计	累赘	阔气	粮食	头发	先生
比方	编辑	报酬	玻璃	伺候	霸道	脑袋	道理
对付	窝囊	告诉	行李	凉快	规矩	窗户	客气
纳闷儿	夹缝儿	戏法儿	眼儿	大伙儿	馅儿	金鱼儿	纽扣儿
加油儿	牙刷儿	针鼻儿	哪儿	烟卷儿	那儿	墨水儿	开春儿
小瓮儿	瓜子儿	白班儿	字儿	中间儿	核儿	烟嘴儿	有点儿
胡同儿	鼻梁儿	一块儿	牛儿	耳膜儿	伴儿	泪珠儿	破烂儿

 **读一读**

（1）从播种小麦到磨成面粉，要经过多少人的手啊。

（2）树叶儿却绿得发亮，小草儿也青得逼你的眼。

（3）看到农民的辛劳，我们怎能不珍视手中的果实啊！

（4）美丽的月亮，真像是挂在夜空中的一盏明灯啊！

（5）小猴儿挂在树尖儿上，津津有味地啃着老玉米。

（6）小燕子穿着美丽的花衣裳，把春天的曲子送到农家的小院儿里。

（7）一座座青山紧相连，一朵朵白云绕山间，一片片梯田一层层绿，一阵阵歌声随风传。

（8）一粥一饭都是来之不易的。

（9）我们一见如故。

（10）你要不来，我也不去。信不信由你。

（11）不了解情况就不要乱说，更不应该随便下结论。

（12）我不是不想去，是不能去。

练一练

进了门儿，倒杯水儿，

喝了两口儿运运气儿，

顺手拿起小唱本儿，

唱了一曲儿，又一曲儿，

练完嗓子我练嘴皮儿。

绕口令儿，练字音儿，

还有单弦儿、曲子词儿，

小快板儿，大鼓词儿，

越说越唱我越带劲儿。

——《练字音儿》

读文段

葡萄架上，绿叶成荫，挂着一串串沉甸甸的葡萄，紫的像玛瑙，绿的像翡翠，上面还有一层薄薄的粉霜呢！望着这熟透了的葡萄，谁不想摘一串尝尝呢？

从早上到现在，狐狸一点儿东西都还没吃呢，肚皮早饿得瘪瘪的了。它走到葡萄架下，看到这诱人的熟葡萄，口水都出来啦！可葡萄太高了，够不着。怎么办？对！跳起来不就行了吗？狐狸向后退了几步，憋足了劲儿，猛然跳起来。可惜，只差半尺就够着了。

再来一次！唉，越来越不行，差得更多，起码有一尺！还跳第三次？狐狸实在饿得没劲儿，跳不动了！

一阵风吹来，葡萄的绿叶"沙沙"作响，飘下来一片枯叶。狐狸想：要是掉下一串儿葡萄来就好了！它仰着脖子，等了一阵，毫无希望，那几串葡萄挂在架上，看起来牢固得很呢！

"唉——"狐狸叹了口气。忽然，它笑了起来，安慰自己说："那葡萄是生的，又酸又涩，吃到嘴里难受死了，不呕吐才怪呢！哼，这种酸葡萄，送给我，我也不吃！"于是，狐狸饿着肚皮，高高兴兴地走了。

——选自《酸葡萄》

🎧 字音提示

葡萄（pútao）　　玛瑙（mǎnǎo）　　憋（biē）　　劲儿（jìnr）　　一串儿（yīchuànr）

脖子（bózi）　　瘪（biě）　　忽然（hūrán）　　涩（sè）　　呕吐（ǒutù）

五 普通话测试针对性训练

💬 念一念

（1）轻声词

明白	暖和	萝卜	玻璃	葡萄	知道	事情	衣服	眼睛	说说	想想
弟弟	奶奶	谈谈	跳跳	看过	忙着	出来	进去	刀子	车子	孙子
丫头	后头	胳膊	抽屉	姑娘	师傅	苍蝇	哆嗦	他们	朋友	时候
黄瓜	记得	心思	知识	扎实	软和	那边	在乎	老婆	模糊	月亮
洒脱	似的	亲家	簸箕	便宜	别扭	拨弄	硬朗	妈妈	娃娃	猩猩
老实	废物	扁担	热闹	石头	舍得	考虑	目的	恶心	父亲	枕头

（2）儿化韵

本色儿	好好儿	拈阄儿	拔尖儿	冰棍儿	老头儿	豆角儿	蝈蝈儿
纳闷儿	墨水儿	围脖儿	一块儿	照片儿	玩儿命	起名儿	中间儿
小曲儿	片儿汤	一会儿	做活儿	藕节儿	胖墩儿	刨根儿	跑腿儿
起名儿	枪子儿	巧劲儿	窍门儿	绕远儿	人影儿	人缘儿	嗓门儿

傻劲儿　扇面儿　收摊儿　说头儿　死扣儿　送信儿　蒜瓣儿　铜子儿

头头儿　透亮儿　围脖儿　围嘴儿　线轴儿　相片儿　小辫儿　烟嘴儿

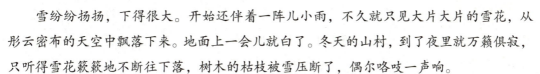

读一读

普通话水平测试作品

这是入冬以来，胶东半岛上的第一场雪。

雪纷纷扬扬，下得很大。开始还伴着一阵儿小雨，不久就只见大片大片的雪花，从彤云密布的天空中飘落下来。地面上一会儿就白了。冬天的山村，到了夜里就万籁俱寂，只听得雪花簌簌地不断往下落，树木的枯枝被雪压断了，偶尔咯吱一声响。

大雪整整下了一夜。今天早晨，天放晴了，太阳出来了。推开门一看，嗬！好大的雪啊！山川、河流、树木、房屋，全都罩上了一层厚厚的雪，万里江山，变成了粉妆玉砌的世界。落光了叶子的柳树上挂满了毛茸茸亮晶晶的银条儿；而那些冬夏常青的松树和柏树上，则挂满了蓬松松沉甸甸的雪球儿。一阵风吹来，树枝轻轻地摇晃，美丽的银条儿和雪球儿簌簌地落下来，玉屑似的雪末儿随风飘扬，映着清晨的阳光，显出一道道五光十色的彩虹。

大街上的积雪足有一尺多深，人踩上去，脚底下发出咯吱咯吱的响声。一群群孩子在雪地里堆雪人，掷雪球，那欢乐的叫喊声，把树枝上的雪都震落下来了。

俗话说，"瑞雪兆丰年"。这个话有充分的科学根据，并不是一句迷信的成语。寒冬大雪，可以冻死一部分越冬的害虫；融化了的水渗进土层深处，又能供应庄稼生长的需要。我相信这一场十分及时的大雪，一定会促进明年春季作物，尤其是小麦的丰收。有经验的老农把雪比做是"麦子的棉被"。冬天"棉被"盖得越厚，明春麦子就长得越好，所以又有这样一句谚语："冬天麦盖三层被，来年枕着馒头睡。"

我想，这就是人们为什么把及时的大雪称为"瑞雪"的道理吧。

——摘自峻青《第一场雪》

字音提示

万籁俱寂（wànlàijùjì）　　籁（sù）　　粉妆玉砌（fěnzhuāngyùqì）

茸（róng）　　晶（jīng）　　银条儿（yíntiáor）　　蓬松（péngsōng）

雪球儿（xuěqiúr）　　屑（xiè）　　末儿（mòr）　　馒头（mántou）

普通话水平测试作品

　　假日到河滩上转转，看见许多孩子在放风筝。一根根长长的引线，一头系在天上，一头系在地上，孩子同风筝都在天与地之间悠荡，连心也被悠荡得恍恍惚惚了，好像又回到了童年。

　　儿时的放风筝，大多是自己的长辈或家人编扎的，几根削得很薄的篾，用细纱线扎成种种鸟兽的造型，糊上雪白的纸片，再用彩笔勾勒出面孔与翅膀的图案。通常扎得最多的是"老雕""美人儿""花蝴蝶"等。

　　我们家前院就有位叔叔，擅扎风筝，远近闻名。他扎的风筝不只体型好看，色彩艳丽，放飞得高远，还在风筝上绷一叶用蒲苇削成的膜片，经风一吹，发出"嗡嗡"的声响，仿佛是风筝的歌唱，在蓝天下播扬，给开阔的天地增添了无尽的韵味，给驰荡的童心带来几分疯狂。

　　我们那条胡同的左邻右舍的孩子们放的风筝几乎都是叔叔编扎的。他的风筝不卖钱，谁上门去要，就给谁，他乐意自己贴钱买材料。

　　后来，这位叔叔去了海外，放风筝也渐与孩子们远离了。不过年年叔叔给家乡写信，总不忘提起儿时的放风筝。香港回归之后，他在家信中说到，他这只被故乡放飞到海外的风筝，尽管飘荡游弋，经沐风雨，可那线头儿一直在故乡和亲人手中牵着，如今飘得太累了，也该要回归到家乡和亲人身边来了。

　　是的。我想，不光是叔叔，我们每个人都是风筝，在妈妈手中牵着，从小放到大，再从家乡放到祖国最需要的地方去啊！

——摘自李恒瑞《风筝畅想曲》

字音提示

风筝（fēngzheng）　　篾（miè）　　糊（hú）　　擅（shàn）　绷（bēng）

蒲苇（púwěi）　　嗡（wēng）　　游弋（yóuyì）　　胡同（hútòng）

几乎（jīhū）　　线头儿（xiàntóur）

CHAPTER 3

第三章
普通话与方言

学习指导

网络上曾经流传了一个小视频，故事发生在轻轨列车上，一个中年男人对一个小伙子说："你要死掉啦。"那个小伙子本来在跟身边一位美女聊天，一听这句话，高兴的面容一下子就有了愠色，看着他似乎要冲那个中年男人发火了，结果那个中年男人用手指着地上，原来，是小伙子的钥匙掉地上了。一场虚惊，车厢里的人都笑起来了。原来中年人是想说："你的钥匙掉啦。"

这样一个小小的发音问题竟然差点儿引发了一场纠纷，足以说明普通话与方言在声韵调上的差异，小则听感不好，大则阻碍交流。况且两者在词汇和语法方面也有很大的不同。方言地区的人学普通话常常感到有难度，闹笑话。以重庆方言为例，与普通话的发音就有相同和不相同之处。

你知道重庆话与普通话有哪些声韵调是相同的呢？你是否意识到我们学习的重点应该放在与普通话发音不相同的部分呢？请跟我在比较中分清方言和普通话发音的异同，完成以下学习任务：

学习目标

1. 掌握并记忆重庆方言与普通话有差异的声母。

2. 掌握并记忆重庆方言与普通话有差异的韵母。

3. 分清重庆方言与普通话声调的调值，读准并记忆普通话调值。

103

分清几组声母

问题思考

1. 普通话 21 个辅音声母中有哪几个声母是重庆方言中没有的?
2. 重庆方言中哪些声母发音容易与普通话混淆?
3. 什么是零声母?
4. 尖音是怎样一种语言现象?

一天,一位语文老师对同学们说:"今天,我们来上《杨修之屎(死)》这篇课文。"引起一些同学的窃笑。

你知道为什么吗?

前面两则故事是由于没有分清方言和普通话声母发音而引起的误解。因此,我们学习普通话,就一定要分清方言与普通话声母的相同点和不同点。普通话 21 个辅音声母中只有翘舌音 zh、ch、sh、r 和鼻音 n 是重庆方言中没有的声母。学习普通话就要掌握这几个声母的标准发音,因为与重庆方言中的平舌音和边音容易混淆,所以要对比学习并加以练习和记忆,把这些难点字音的声母发准确。

一 分清 z、c、s、[z] 和 zh、ch、sh、r

西南地区方言的发音中没有翘舌音 zh、ch、sh、r,把普通话中的 zh、ch、sh、r 都发成了 z、c、s、[z],如:把"是(shì)"发成了"四(sì)",把"照(zhào)"发成了"皂（zào）"，而且普通话语音系统中没有 [z]。要发准这些字音，我们应该首先弄清楚两组声母的发音区别，然后采用"声旁类推法"记住字音，如：主，念"zhǔ"，那么，住、注、驻、柱、拄等以"主"为声旁的字就都念"zhu"，这样记一个字就可以记住多个字了。

发音区别见表3-1：

表 3-1

z c s	发 z、c 音时舌尖抵住上齿背（c 是送气音），发 s 时舌尖接近上齿背
zh ch sh	发 zh、ch 时舌尖上翘抵住硬腭前部（ch 是送气音），发 sh、r 时舌尖接近硬腭（发 r 音声带颤动）

念一念

z—c—s   zh—ch—sh—r   z—zh—z   c—ch—c

s—sh—s   zh—sh—r   ch—s—r

听一听

zh	整装	长者	征战	挣扎	庄重	政治
z	自尊	祖宗	罪责	簪子	总则	做作
ch	超常	铲除	潺潺	出差	车床	抄查
c	此次	参差	猜测	次子	仓促	层次
s	诉讼	酸涩	三思	松散	洒扫	琐碎
sh	上山	述说	沙石	设施	手术	神圣
r	容忍	濡染	荣辱	茌苒	仍然	软弱

记一记

搜查（sōuchá）　　素质（sùzhì）　　存在（cúnzài）

制胜（zhìshèng）　　桌子（zhuōzi）　　损伤（sǔnshāng）

创伤（chuàngshāng）　　挫折（cuòzhé）　　思忖（sīcǔn）

珍藏（zhēncáng）　　损失（sǔnshī）　　乘坐（chéngzuò）

增收（zēngshōu）　　耻辱（chǐrǔ）　　准则（zhǔnzé）

城镇（chéngzhèn）　　删除（shānchú）　　穿刺（chuāncì）

读一读

1．词语练习

zh—z	长子	沼泽	渣滓	制造	职责	种族
	铸造	追踪	准则	主宰	正在	著作
z—zh	载重	赞助	杂志	增长	自转	总值
	总之	作者	座钟	组织	阻止	诅咒
ch—c	差错	车次	尺寸	揣测	船舱	春蚕
	储存	冲刺	蠢材			
c—ch	粗茶	促成	错处	参禅	彩绸	餐车
	残春	仓储	操持	草船	磁场	辞呈
sh—s	上溯	膳宿	哨所	生丝	胜诉	绳索
	神色	深思	伸缩	失散	时速	输送
s—sh	桑树	扫射	四十	松鼠	算术	私塾
	宿舍	素食	死水			

2．绕口令练习

（1）史老师讲实事

史老师讲实事，

施老师讲事实，

走来石老师，

要来讲时事，

接着斯老师，只想讲史诗，

史、施、石、斯四老师，都是好老师。

（2）三月三去登山

三月三，小三去登山；

上山又下山，下山又上山；

登了三次山，跑了三里三；

出了一身汗，湿了三件衫；

小三站在山上大声喊："这里离天只有三尺三！"

二 分清 n、l

西南地区方言分不清普通话中鼻音声母n与边音声母l，例如"男（nán）"和"兰（lán）"、"女（nǚ）"与"旅（lǚ）"。要发准这些字音，首先要弄清两者的区别，然后采用"声旁类推法"记住字音，如以"尼（ní）"为代表字类推，凡是带有"尼"声旁的字如"妮、泥、昵"都发"ni"，只是声调不同而已。还可以用"记少不记多"的方法记字音，因为"n"声母的字比"l"声母的字少，只需记住n声母的常用字，其余的字就发声母l了。如：那、乃、奈、南、脑、挠、内、尼、倪、你、鸟、念、捏、聂、孽、宁、纽、农、奴、诺、懦、虐这些代表字都发n声母，可用"声旁类推法"推出更多的鼻音字来。

发音区别见表3-2：

表 3-2

n	鼻音，发音时，软腭下垂，鼻腔通道打开，气流从鼻腔通过
l	边音，发音时，软腭上升，鼻腔通道关闭，气流从舌头两边通过

念一念

n—l l—n n—l—n l—n—l

听一听

n	能耐	男女	农奴	袅袅	牛奶	泥泞
l	来临	流露	沦落	料理	理论	利率
n—l	暖流	年龄	哪里	农历	能力	奴隶
l—n	老年	辽宁	理念	历年	冷暖	路南

记一记

捉拿（zhuōná）	纳税（nàshuì）	温暖（wēnnuǎn）
奈何（nàihé）	内容（nèiróng）	淑女（shūnǚ）
南部（nánbù）	鸟窝（niǎowō）	奶粉（nǎifěn）
年轻（niánqīng）	热闹（rènào）	暴虐（bàonüè）
亲昵（qīnnì）	藏匿（cángnì）	油腻（yóunì）
恼怒（nǎolù）	鸟瞰（niǎokàn）	牛顿（niúdùn）
农民（nóngmín）	难处（nánchù）	扭捏（niǔniē）

读一读

1. 词语练习

逆向（nìxiàng）——立项（lìxiàng）　　　允诺（yǔnnuò）——陨落（yǔnluò）

年年（niánnián）——连连（liánlián）　　怒气（nùqì）　——露气（lùqì）

黏合（niánhé）——联合（liánhé）　　　水牛（shuǐniú）——水流（shuǐliú）

南宁（nánníng）——兰陵（lánlíng）　　思念（sīniàn）——思恋（sīliàn）

女客（nǚkè）——旅客（lǚkè）　　　　多能（duōnéng）——多棱（duōléng）

黄泥（huángní）——黄梨（huánglí）　　浓重（nóngzhòng）——隆重（lóngzhòng）

无奈（wúnài）——无赖（wúlài）　　　旅伴（lǚbàn）——女伴（nǚbàn）

2. 绕口令练习

（1）学捏梨

盘里放着一个梨，桌上放块橡皮泥。

小丽用泥学捏梨，眼看着梨，手捏泥。

一会儿捏成一个梨，

比一比，真梨假梨差不离。

（2）妞妞扭牛

牛牛要吃河边柳，妞妞赶牛牛不走。

妞妞护柳扭牛头，牛牛扭头瞅妞妞。

妞妞牛牛扭更拗，牛牛要顶小妞妞。

妞妞捡起小石头，吓得牛牛扭头走。

三 分清 f、h

西南地区方言的发音中有混淆 f、h 的现象。比如"户（hù）"发成了"富（fù）"、"黄（huáng）"发成了"房（fáng）"。分清这两个声母，关键要明确这两个音的发音部位和发音方法（参见第二章关于声母的发音）。发准这两个音，然后采用"声旁类推法"记住哪些字读 f，哪些字读 h。

发音区别见表 3-3：

表 3-3

f	唇齿音，下唇接近上齿，形成窄缝，气流从唇齿间通过
h	舌根音，舌根接近软腭，留出窄缝，气流从窄缝中挤出

念一念

f — h   h — f

f — h — f   h — f — h

听一听

f	纷纷	仿佛	反复	丰富	发愤	方法	芬芳	夫妇
h	后悔	航海	欢呼	互换	恍惚	憨厚	火花	洪湖
h — f	画法	华发	画舫	话锋	画幅	荒废	护肤	焕发
f — h	符号	孵化	复核	俘获	福祸	父皇	返还	饭盒

记一记

罚款（fákuǎn）   轰动（hōngdòng）   缓慢（huǎnmàn）

烦恼（fánnǎo）   诙谐（huīxié）   飞机（fēijī）

泛滥（fànlàn）   老虎（lǎohǔ）   痕迹（hénjì）

诽谤（fěibàng）　　　模范（mófàn）　　　欢呼（huānhū）

 读一读

1. 词语练习

胡豆（húdòu）　　　狐狸（húli）　　　繁华（fánhuá）

划分（huàfēn）　　　舒缓（shūhuǎn）　　含混（hánhùn）

忽略（hūlüè）　　　追悔（zhuīhuǐ）　　豪放（háofàng）

祸害（huòhài）　　　凤凰（fènghuáng）　优惠（yōuhuì）

召唤（zhàohuàn）　　掩护（yǎnhù）　　　焕发（huànfā）

说谎（shuōhuǎng）　　发挥（fāhuī）　　　氛围（fēnwéi）

返航（fǎnháng）　　　耗费（hàofèi）　　　爱护（àihù）

窗户（chuānghù）　　教会（jiàohuì）　　怀疑（huáiyí）

2. 绕口令练习

（1）丰丰和芳芳

丰丰和芳芳，上街买混纺。

红混纺，粉混纺，黄混纺，灰混纺。

红花混纺做裙子，粉花混纺做衣裳。

穿上新衣多漂亮，丰丰和芳芳喜洋洋。

感谢叔叔和阿姨，多纺红、粉、灰、黄好混纺。

（2）胡图用笔画葫芦

胡图用笔画葫芦，

葫芦画得真糊涂，

糊涂不能算葫芦，

要画葫芦不糊涂，

胡图决心不糊涂，

画出一只一点不糊涂的大葫芦。

四 分清送气声母与不送气声母

西南地区方言把普通话中的一些不送气声母读成送气声母，送气声母读成了不送气声母。例如把"拔"（bá）、"傍"（bàng）、"遍"（biàn）等不送气声母 b 读成了送气声母 p；把"脐橙"（qíchéng）、"枸杞"（gǒuqǐ）、"债券"（zhàiquàn）等送气声母 q 发成了不送气声母 j，等等。我们学习普通话，不要忽略了这些声母的区别，要多加练习并记忆，分清送气声母与不送气声母。

念一念

不送气声母：b、d、zh、z、j、g

送气声母：p、t、ch、c、q、k

b—p   d—t   g—k   j—q   zh—ch   z—c

听一听

音频资料

b—p	宝牌	被迫	奔跑	摆谱	编排
p—b	旁边	跑步	赔本	排版	疲惫
d—t	等同	大体	带头	得体	动态
t—d	特等	态度	土地	退掉	特点
g—k	顾客	概括	观看	港口	高考
k—g	开关	宽广	考古	客观	刻骨
j—q	机器	尽情	急切	技巧	精确
q—j	期间	奇迹	全局	抢救	请假
zh—ch	展出	主持	忠诚	正常	职称
ch—zh	船长	初中	城镇	超重	车站
z—c	早操	字词	自从	座次	佐餐
c—z	存在	操作	错字	词组	辞藻

记一记

枇杷（pípá）　　　　　占卜（zhānbǔ）　　　　普遍（pǔbiàn）

绊脚石（bànjiǎoshí）　选拔（xuǎnbá）　　　　船舶（chuánbó）

麻痹（mábì）　　　　漂泊（piāobó）　　　　活泼（huópō）

河畔（hépàn）　　　　导游（dǎoyóu）　　　　颤抖（chàndǒu）

灌溉（guàngài）　　　捷径（jiéjìng）　　　　歼灭（jiānmiè）

脱臼（tuōjiù）　　　　债券（zhàiquàn）　　　急躁（jízào）

五 了解方言中的尖音现象

　　西南地区方言中的尖音现象就是指把普通话中该读 j、q、x 声母的字音读成了类似 zi、ci、si 的音，这是由于本来是舌面与硬腭构成阻碍的音发成了舌尖与上齿龈构成阻碍的音。普通话里没有尖音，要防止尖音，就要注意 j、q、x 声母的发音训练，不要让舌尖接触齿背。

j—q—x　　　　　q—j—x　　　　　x—j—q

听一听

j—q	技巧	激情	假期	加强	借钱	机器
q—j	请假	清洁	奇迹	秋季	抢救	前进
j—x	教学	举行	继续	践行	江西	节选
x—j	细节	虚惊	新疆	香蕉	下级	现金
q—x	缺陷	气息	清晰	倾斜	权限	谦虚
x—q	小区	兴趣	下棋	学期	吸取	需求

记一记

理想（lǐxiǎng）　　　　现象（xiànxiàng）　　　　假期（jiàqī）

学校（xuéxiào）　　　　理解（lǐjiě）　　　　　　纤细（xiānxì）

感谢（gǎnxiè）　　　　　干洗（gānxǐ）　　　　　学期（xuéqī）

经济（jīngjì）　　　　　积极（jījí）　　　　　　亲切（qīnqiè）

读一读

1. 词语练习

检举（jiǎnjǔ）　　情趣（qíngqù）　　恰巧（qiàqiǎo）

请求（qǐngqiú）　　心胸（xīnxiōng）　牵强（qiānqiǎng）

确切（quèqiè）　　结局（jiéjú）　　接见（jiējiàn）

家具（jiājù）　　选修（xuǎnxiū）　　艰巨（jiānjù）

感谢（gǎnxiè）　　干洗（gānxǐ）　　星期（xīngqī）

经济（jīngjì）

2. 绕口令练习

（1）京剧和警句

京剧是京剧，警句是警句。

京剧有警句，警句未必是京剧。

（2）洁洁和清清

洁洁和清清，门前数星星，

一二三四五……数也数不清。

急得洁洁和清清，跺脚埋怨小星星，

不该胡乱眨眼睛。

六 读准零声母音节

普通话里有些音节是没有声母的，即音节不以辅音开头，由韵母自成音节，这些音节称为零声母音节。如：爱（ài）、傲（ào）、严（yán）、误（wù）等。但西南地区方言把"爱"读成"ngài"，把"傲"读成"ngào"，把"严"读成"lián"，把"误"读成"vu"等，给这些零声母音节都加了辅音声母，这与普通话相去甚远。要学好普通话，就要把零声母前面加上的 ng 或 l、v 等去掉。以下几种情况是在零声母前加了辅音声母的现象，我们要注意纠正并记忆。

1. 以"i（y）"开头的零声母字要去掉方言中的"l"声母或"ng"声母

严重（yánzhòng）　　调研（diàoyán）　　阎王（yánwang）　　俨然（yǎnrán）

测验（cèyàn）　　业务（yèwù）　　红岩（hóngyán）　　硬币（yìngbì）

2. 以"a、o、e"开头的零声母字要去掉方言中的"ng"声母

哀痛（āitòng）　　癌症（áizhèng）　　矮小（ǎixiǎo）　　和蔼（hé'ǎi）

障碍（zhàng'ài）　　安全（ānquán）　　按时（ànshí）　　方案（fāng'àn）

记一记

翱翔（áoxiáng）　　山坳（shān'ào）　　澳门（àomén）　　懊恼（àonǎo）

俄国（éguó）　　遏止（èzhǐ）　　飞蛾（fēi'é）　　噩耗（èhào）

3. 方言中的"vu"音节字音要改读为"wu"

乌云（wūyún）　　无礼（wúlǐ）　　污染（wūrǎn）　　舞蹈（wǔdǎo）

武术（wǔshù）　　服务（fúwù）　　错误（cuòwù）　　厌恶（yànwù）

诬蔑（wūmiè）　　五个（wǔgè）

1. 为下列音节写汉字（越多越好）。

zhi：

chu：

shu：

（课外练习：仿照以上要求自设练习）

2. 写出下列横线字的声母。

① 昨天<u>所</u>有的<u>荣</u>誉已变<u>成</u>遥远的回忆，辛辛苦苦已度过半<u>生</u>，今夜<u>重</u>又<u>走</u>进风雨，我不<u>能</u>随波浮<u>沉</u>，为了我<u>挚</u>爱的亲人，再苦再难也要坚强，只为<u>那</u>些期待的眼<u>神</u>。

② 那<u>是</u><u>力争上游</u>的一种树，笔<u>直</u>的干，笔<u>直</u>的枝。它的干呢，通常是丈把高，像加过人工<u>似</u>的，一丈以<u>内</u>绝无旁<u>枝</u>。

③ 如果将来我有什么要教给我的孩子，我会告诉他：假若你一直和时间比赛，你就可以成功！

3.给下列词语注音并朗读，注意声母的读音。

靓女（　　）　浏览（　　）　连锁（　　）　终端（　　）　打拼（　　）

升级（　　）　翻版（　　）　分红（　　）　入股（　　）　飙车（　　）

蹦迪（　　）　泡吧（　　）　共享（　　）　视频（　　）　护肤（　　）

4.找出下列诗文中的平翘舌音、边鼻音及零声母音节并大声朗读。

丙辰中秋，欢饮达旦，大醉，作此篇，兼怀子由。

明月几时有？把酒问青天。不知天上宫阙，今夕是何年。我欲乘风归去，又恐琼楼玉宇，高处不胜寒。起舞弄清影，何似在人间。

转朱阁，低绮户，照无眠。不应有恨，何事长向别时圆？人有悲欢离合，月有阴晴圆缺，此事古难全。但愿人长久，千里共婵娟。

———（宋）苏轼《水调歌头·明月几时有》

5.根据下面的话题说话，时间2～3分钟，注意声母的读音。

① 难忘的旅行

② 我的朋友

③ 我喜欢的季节

读一读

普通话水平测试作品

我常想读书人是世间幸福人，因为他除了拥有现实的世界之外，还拥有另一个更为浩瀚也更为丰富的世界。现实的世界是人人都有的，而后一个世界却为读书人所独有。由此我想，那些失去或不能阅读的人是多么的不幸，他们的丧失是不可补偿的。世间有诸多的不平等，财富的不平等，权力的不平等，而阅读能力的拥有或丧失却体现为精神的不平等。

一个人的一生，只能经历自己拥有的那一份欣悦，那一份苦难，也许再加上他亲自闻知的那一些关于自身以外的经历和经验。然而，人们通过阅读，却能进入不同时空的诸多他人的世界。这样，具有阅读能力的人，无形间获得了超越有限生命的无限可能性。阅读不仅使他多识了草木虫鱼之名，而且可以上溯远古下及未来，饱览存在的与非存在的奇风异俗。

更为重要的是，读书加惠于人们的不仅是知识的增广，而且还在于精神的感化与陶冶。人们从读书学做人，从那些往哲先贤以及当代才俊的著述中学得他们的人格。人们从《论语》中学得智慧的思考，从《史记》中学得严肃的历史精神，从《正气歌》中学得人格的刚烈，从马克思学得入世的激情，从鲁迅学得批判精神，从托尔斯泰学得道德的执着。歌德的诗句刻写着睿智的人生，拜伦的诗句呼唤着奋斗的热情。一个读书人，一个有机会拥有超乎个人生命体验的幸运人。

——节选自谢冕《读书人是幸福人》

字音提示

幸福（xìngfú）	丧失（sàngshī）	精神（jīngshén）	能力（nénglì）
平等（píngděng）	苦难（kǔnàn）	增广（zēngguǎng）	先哲（xiānzhé）

第二节

分清几组韵母

问题思考

1. 普通话 39 个韵母中有哪几个是重庆方言中没有的？
2. 普通话中有哪些韵母是容易跟重庆方言混淆的？
3. 是否理解删加韵头也是可以区分普通话和方言的？

一位云南的朋友说："我家住在翠湖边，出门就上床（船）。"

一位导游对一群老年游客说："我带你们去看天堂（坛）。"

一天语文课上，老师让小明用"大吃一惊"造句。小明站起来大声说道："在上学的路上我看到一堆牛屎，我大吃一斤（惊）。"

以上问题都是由于没有分清重庆方言和普通话的韵母引起的。普通话 39 个韵母里后鼻音 ing、eng、ueng 和 uo 是我们重庆方言中没有的，我们进行普通话学习，就要重视这几个韵母的学习。

一 分清 in—ing、en—eng

这两组韵母都是鼻韵母，但有前后鼻韵母之分，西南地区方言中，常把该读后鼻韵母的字读成前鼻韵母而引起歧义。以重庆方言为例，如：把"人名（míng）"读成"人民（mín）"，把"增加（zēng）"读成"增加（zēn）"等。而普通话里后鼻韵母不少，因此，要说好普通话，必须分清普通话中的前后鼻韵母。"声旁类推法"可以帮助我们记住更多的字音。

发音区别见表 3-4：

表 3-4

in en	先发 i、e，然后舌尖用了抵住上齿龈，发前鼻音 n
ing eng	先发 i、e，然后舌根用了抵住软腭，发前鼻音 ng，注意发 ing 时，i 和 ng 之间不能有 e 音

念一念

en — eng — en   in — ing— in

eng — en — eng   ing — in — ing

eng — eng — en   ing — ing — in

听一听

| en | 认真 | 本分 | 门诊 | 沉闷 | 身份 | 深圳 |
| in | 薪金 | 信心 | 殷勤 | 贫民 | 拼音 | 频频 |

eng	逞能	生成	更正	升腾	登程	萌生
	丰盛	蒸腾	省城	冷风	行星	鹏程
ing	秉性	叮咛	情景	惊醒	菱形	晶莹
	清明	精英	蜻蜓	宁静	经营	明星

记一记

en、eng

乘胜（chéngshèng）　　人参（rénshen）　　　根本（gēnběn）

粉尘（fěnchén）　　　愤恨（fènhèn）　　　分身（fēnshēn）

深沉（shēnchén）　　　风声（fēngshēng）　　真人（zhēnrén）

灯罩（dēngzhào）　　　誊写（téngxiě）　　　增生（zēngshēng）

登山（dēngshān）　　　疼痛（téngtòng）　　　能够（nénggòu）

棱角（léngjiǎo）

in、ing

音信（yīnxìn）　　　　民心（mínxīn）　　　姓名（xìngmíng）

亲近（qīnjìn）　　　　辛勤（xīnqín）　　　林荫（línyīn）

领情（lǐngqíng）　　　定型（dìngxíng）　　清醒（qīngxǐng）

行星（xíngxīng）　　　平静（píngjìng）　　倾听（qīngtīng）

紧邻（jǐnlín）　　　　金银（jīnyín）　　　尽量（jìnliàng）

请求（qǐngqiú）

读一读

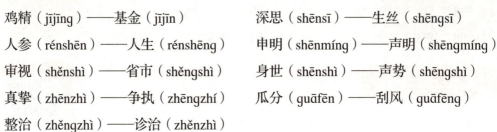

1. 词语练习

鸡精（jījīng）——基金（jījīn）　　　深思（shēnsī）——生丝（shēngsī）

人参（rénshēn）——人生（rénshēng）　申明（shēnmíng）——声明（shēngmíng）

审视（shěnshì）——省市（shěngshì）　身世（shēnshì）——声势（shēngshì）

真挚（zhēnzhì）——争执（zhēngzhí）　瓜分（guāfēn）——刮风（guāfēng）

整治（zhěngzhì）——诊治（zhěnzhì）

2. 绕口令练习

（1）蜻蜓

红蜻蜓，绿蜻蜓，扇扇翅膀草上停。

玲玲、莹莹爱蜻蜓，静静望，轻声请：

蜻蜓、蜻蜓，请你多停停。

（2）陈和程要分清

姓陈不能说成姓程，

姓程不能说成姓陈。

禾呈是程，耳东是陈，

陈程不能分，就会认错人。

二 分清 o 与 e、uo

西南地区方言中没有 e、uo 这两个韵母，普通话中读 e、uo 韵母的字常常被 o 韵母所代替。下面以重庆话为例，分清 o 与 e、uo 的对应规律，见表3-5：

表 3-5

声母	例字	普通话韵母	重庆话韵母
g k h	哥戈割鸽阁葛个科苛棵瞌壳可 渴课喝河何盒禾和贺鹤	e	o
	锅果过活火货祸伙	uo	
d t n l	多夺朵脱托拖妥挪糯懦罗裸落	uo	
z c s zh ch sh	昨坐做搓错撮缩梭所桌捉浊戳绰辍 说硕烁若弱	uo	
零声母	鹅饿蛾讹恶愕腭噩遏扼	e	

从表3-5可以看出，o 转读为普通话 e 或 uo 的规律是：o 与舌根音声母 g、k、h 相拼的大部分音节以及零声母音节（哦、噢除外）都应转读为普通话的 e，o 与所有舌尖音声母相拼的音节和舌根音声母相拼的部分音节都应该读为普通话的 uo。

发音区别见表3-6：

表 3-6

o e	都是单元音,唇形一直保持不变, o 是圆唇音 ,e 是不圆唇音
uo	双元音,唇形由 u 滑动至 o,有一个变化的过程

念一念

o—e—o   e—o—e

uo—o—uo   o—uo—o

听一听

e	色泽	折射	合格	舍得	塞责	褐色
	特色	隔阂	赫赫	各色	客车	割舍
o	磨破	薄膜	默默	勃勃	脉脉	摸佛
	泼墨	活泼	着魔	外婆	抚摸	大佛
uo	活捉	错过	哆嗦	堕落	国货	阔绰
	硕果	坐落	骆驼	懦弱	脱落	火锅

记一记

厕所（cèsuǒ）	货色（huòsè）	戳破（chuōpò）	车祸（chēhuò）
作者（zuòzhě）	萝卜（luóbo）	恶果（èguǒ）	过河（guòhé）
琢磨（zuómo）	勒索（lèsuǒ）	拙舌（zhuōshé）	唾沫（tuòmò）
合伙（héhuǒ）	刻薄（kèbó）	薄弱（bóruò）	课桌（kèzhuō）

读一读

1. 词语练习

油墨（yóumò）——游客（yóukè）   下坡（xiàpō）——下车（xiàchē）

不摸（bùmō）——不喝（bùhē）   高坡（gāopō）——高歌（gāogē）

拖车（tuōchē）——客车（kèchē）   做错（zuòcuò）——作恶（zuò'è）

快活（kuàihuo）——快乐（kuàilè）   大伯（dàbó）——大河（dàhé）

没破（méipò）——没课（méikè）   内膜（nèimó）——内阁（nèigé）

脖子（bózi）——格子（gézi）   驼色（tuósè）——特色（tèsè）

黄果（huángguǒ）——黄河（huánghé）   经过（jīnguò）——惊愕（jīng'è）

2. 绕口令练习

（1）窝和锅

音频资料

树上一个窝，树下一口锅。

窝掉下来打着锅，窝和锅都破。

锅要窝赔锅，窝要锅赔窝。

不知是锅赔窝，还是窝赔锅。

（2）蝈蝈唱歌

多多问哥哥：山坡上谁唱歌？

哥哥告诉多多：是爱唱歌的蝈蝈。

多多和哥哥，细细来琢磨：

蝈蝈唱的什么歌？

三 分清 ê 与 e、o、ɑi、ei

ê 在普通话中，除了跟 i、ü 组成复韵母 ie、üe 以外，只能自成音节，不能与其他任何声母相拼。但在西南地区方言中，ê 的运用范围却很广，除了"f、j、q、x"这四个声母外，别的声母都可以与它相拼。普通话里与声母相拼的 e、o、ɑi、ei 几个韵母常被读成 ê。以重庆话为例，请看对照表3-7：

表3-7

声母	例字	普通话韵母	重庆话韵母
b p m	伯帛泊舶泊魄默陌脉（含情脉脉）	o	ê
	白百柏拍麦脉（脉搏）	ɑi	
d t n l z c s zh ch sh	摘宅翟窄拆塞	ɑi	
	遮折着这车扯撤彻赊蛇舌设涉摄赦射惹热则仄策测册色涩蔷稽德得特讷勒	e	
g k h	革疙格隔咳刻克客赫核	e	
其他	北黑肋给得	ei	

念一念

e—o   o—ai   ai—ei   ei—e   e—ai   ai—o

听一听

音频资料

o	伯伯	帛书	船舶	漂泊			
ai	白菜	百岁	松柏	拍卖	小麦	脉搏	
e	遮盖	曲折	作者	这边	刹车	拉扯	撤退	彻底
ei	北美	黑煤	肋骨	勒紧			

记一记

落魄（luòpò）	笔墨（bǐmò）	沉默（chénmò）	设置（shèzhì）
摘花（zhāihuā）	住宅（zhùzhái）	姓翟（xìngzhái）	狭窄（xiázhǎi）
拆散（chāisàn）	射击（shèjī）	招惹（zhāorě）	炎热（yánrè）
法则（fǎzé）	仄声（zèshēng）	测试（cèshì）	色泽（sèzé）

读一读

音频资料

1. 词语练习

苦涩（kǔsè）	吝啬（lìnsè）	琴瑟（qínsè）	特殊（tèshū）
木讷（mùnè）	勒索（lèsuǒ）	疙瘩（gēda）	合格（hégé）
隔阂（géhé）	咳嗽（késou）	克服（kèfú）	作客（zuòkè）
显赫（xiǎnhè）	核心（héxīn）	给你（gěinǐ）	非得（fēiděi）

2. 绕口令练习

（1）哥哥赶鹅

音频资料

哥哥去赶鹅，翻山又过河。

哥哥要爬坡，鹅要走下河。

哥气鹅，鹅气哥。

谁个对，谁个错，请大家来说一说。

（2）摆白布

伯伯摆白布，姑姑补白布。

伯伯会摆白布不会补白布，

姑姑会补白布不会摆白布。

伯伯摆白布白布白，

姑姑补白布白布补。

四 删加韵头 u

普通话里一些有韵头 u 的字，在重庆话里韵头 u 却被删除了。例如：重庆话把"吨、吞、论、尊、村、孙"等字中的韵母 uen 都读成了 en，韵头 u 被删除了。而普通话里一些没有韵头 u 的字，在重庆方言里又添加了韵头 u。例如：重庆话把"内、雷、贼、馁、泪、磊"等字中的韵母 ei 都读成了 uei。删除或添加韵头，使音节的实际读音与普通话相差太大，所以我们学习普通话，还应对这类语音现象加以辨正并记忆。

念一念

uen — en   ei — uei   en — uen   uei — ei

听一听

音频资料

en	投奔	脸盆	开门	袖珍	深沉	坚韧
uen	吨位	伦敦	矛盾	钝器	停顿	吞吐
ei	气馁	劳累	贼匪	蓓蕾	杯内	眼泪
uei	入赘	回归	吃亏	宝贵	汇兑	灰堆

记一记

臀部（túnbù）	议论（yìlùn）	谆谆（zhūnzhūn）	存在（cúnzài）
尊敬（zūnjìng）	遵守（zūnshǒu）	乡村（xiāngcūn）	尺寸（chǐcùn）

1. 词语练习

子孙（zǐsūn）　　损失（sǔnshī）　　竹笋（zhúsǔn）　　昆仑（kūnlún）

类推（lèituī）　　水雷（shuǐléi）　　气馁（qìněi）　　磊落（lěiluò）

傀儡（kuǐlěi）　　春笋（chūnsǔn）　　内存（nèicún）　　沦落（lúnluò）

2. 绕口令练习

（1）炖冻冬瓜

　　　　冬瓜冻，冻冬瓜，

　　　　炖冻冬瓜是炖冻冬瓜，

　　　　不炖冻冬瓜不是炖冻冬瓜。

　　　　炖冻冬瓜吃炖冻冬瓜，

　　　　不炖冻冬瓜不吃炖冻冬瓜。

（2）文春和孙纯

　　　　文春住在孙家村，

　　　　孙纯住在昆仑屯。

　　　　文春进县城卖春笋，

　　　　孙纯进县城卖馄饨。

　　　　文春闻到孙纯的馄饨香纯纯，

　　　　孙纯看到文春的春笋肉墩墩。

　　　　文春买了孙纯香纯纯的馄饨，

　　　　孙纯买了文春肉墩墩的春笋。

五　注意方音 io、üu、uê 的转读

　　西南地区方言中有的韵母是普通话中没有的，学习普通话就要找出它们跟普通话相对应的韵母并改为普通话的读音。以重庆方言为例，特别注意以下方言读音的转读。

　　1.io 韵母是普通话里很少用的（普通话里只有"哊、哟"两个字韵母是 io），重庆

人常将普通话中的 üe、iao 两个韵母的音节读成 io 韵。参见表 3-8：

表 3-8

例　字	普通话	重庆话
觉（悟）角（色）爵鹊确雀榷掠略疟约（音）乐	üe	io
脚药钥角（票）	iao	io

2.üu 是重庆话里的一个韵母。普通话里的 ü 韵，在跟舌面音 j、q、x 相拼或作零声母时，部分音节被重庆人读成了 üu 韵母，比如"菊、鞠、局、桔、曲、屈、蛐、渠、旭、畜、续、育、浴、域、狱"等，学习中，要注意将这些字音的韵母转读为普通话音节的 ü 韵。

3.重庆话里的 uê 韵母出现在与舌跟音 g、k、h 相拼的一些音节中，如"郭、国、帼、扩、括、阔、廓、或、获、惑"，这类字虽然不多，但仍要注意将它们的 uê 韵母改读为 uo。

念一念

üe　ü　uo　iao　üe

听一听

üe	觉悟	角色	爵位	喜雀
iao	洗脚	药方	钥匙	角落
ü	菊花	鞠躬	局长	桔子
uo	国家	巾帼	扩大	郭沫若

记一记

商榷（shāngquè）　掠夺（lüèduó）　节约（jiéyuē）　音乐（yīnyuè）

蛐蛐（qūqu）　渠道（qúdào）　畜牧（xùmù）　继续（jìxù）

教育（jiàoyù）　区域（qūyù）　阔绰（kuòchuò）　获得（huòdé）

读一读

1. 词语练习

觉醒（juéxǐng）　侵略（qīnlüè）　旭日（xùrì）　淋浴（línyù）

括号（kuòhào）　或者（huòzhě）　迷惑（míhuò）　屈服（qūfú）

2. 绕口令练习

（1）菊菊和小毛驴

菊菊走路哼着曲，手里牵着小毛驴。

菊菊骑上小毛驴，小毛驴听菊菊哼曲。

菊菊哼曲，毛驴听曲，

不知不觉走进菊菊家的生活区。

（2）渠养鱼

大渠养大鱼不养小鱼，

小渠养小鱼不养大鱼。

一天天下雨，

下了一天雨。

大渠水流进小渠，

小渠水流进大渠。

大渠里有了小鱼不见大鱼，

小渠里有了大鱼不见小鱼。

六 分清 ong、eng、ueng

西南地区方言中 ong 韵母运用比在普通话里的范围大，它除了包括普通话里的 ong 以外，还包括普通话里的 ueng 和 eng 韵母。要分清这几个韵母，可以用"声韵配合规律"来记住字音，如：普通话声母 b、p、m、f 是不跟 ong 相拼的。因此，应将这些音节中的 ong 韵改为 eng。如："翁、嗡、蓊、瓮、蕹"几个，而且都是零声母字，不难记忆，只需将它改读为 ueng 就行了。其发音区别见表 3-9：

表 3-9

ong	先发 o，舌根向软腭移动并抵住，发 ng
eng	先发 e，舌根向软腭移动并抵住，发 ng
ueng	韵头 u 发音轻短，接着发 eng

念一念

eng — ong — eng   ong — eng — ong
ueng — ong — ueng   eng — ueng — eng
ong — ueng — ong   eng — ueng — ong

听一听

eng   正职   疼痛   能够   奉承   朋友   碰撞
ueng   老翁   水瓮   蓊郁
ong   隆冬   通红   公众   通融   洪钟   瞳孔

记一记

承蒙（chéngméng）   萌生（méngshēng）   猛子（měngzi）
梦境（mèngjìng）   风筝（fēngzheng）   封锁（fēngsuǒ）
缝纫（féngrèn）   姓冯（xìngféng）   奉送（fèngsòng）

读一读

1. 词语练习

嗡嗡（wēngwēng）   蕹菜（wèngcài）   萌动（méngdòng）
浓重（nóngzhòng）   恐龙（kǒnglóng）   龙种（lóngzhǒng）
声称（shēngchēng）   乘胜（chéngshèng）   征程（zhēngchéng）
轰隆（hōnglōng）   水瓮（shuǐwèng）   工棚（gōngpéng）

2. 绕口令练习

（1）龚先生

龚先生东方走来拿了一棵松，

翁先生西方走来拿了一只钟。

龚先生的松撞破翁先生的钟，

翁先生扭住龚先生的一棵松，

龚先生要翁先生放了他的松，

翁先生要龚先生赔了他的钟，

龚先生不肯赔翁先生的钟，

翁先生不肯放龚先生的松。

（2）陈庄城通郑庄城

陈庄城和郑庄城，两庄城墙都有门。

陈庄门进郑庄人，陈庄人进郑庄门。

请问陈郑两庄门，哪个门进陈庄人？

郑庄人进哪个门？

七 需要分清的其他几组韵母

　　除了以上在西南地区方言范围内都需要分清的 6 组韵母外，个别地区的方言韵母还有其特殊性，以渝东南的一些地区为例，就有用前鼻韵代替后鼻韵的语音现象，在云南和贵州的部分地区也存在。甚至还有的地区（如秀山）没有韵母 er，把 er 读成 ai，所以，"耳朵"听起来就成了"矮朵"，这亦需要分清。

念一念

ang — an　　ian — in　　iang — ian　　uang — uan

an — ian　　in — ian　　iang — uang　　uan — ian

听一听

ang　　　当堂　　朗朗　　浪荡　　胖郎　　棒糖

an	斑斓	黯淡	善谈	站餐	难缠
ian	迁建	先前	闲钱	垫肩	连线
iang	枪匠	强项	湘江	酱香	强将
in	辛勤	亲信	尽心	亲近	新晋
uang	网框	双簧	创伤	装潢	窗框
uan	完全	万卷	全选	换券	观泉

记一记

ang—an	帮—班	旁—盘	忙—蛮	方—翻	当—单	汤—滩
	朗—懒	刚—干	康—堪	杭—含	昌—产	桑—三
ian—in	编—宾	片—拼	棉—民	免—敏	年—您	连—林
	间—金	前—秦	先—新	颜—银	烟—因	钱—勤
iang—ian	娘—年	良—联	奖—检	腔—牵	相—先	秧—淹
uang—uan	光—关	框—宽	荒—欢	装—专	床—船	汪—湾

读一读

1. 词语练习

摊贩（tānfàn） 暗淡（àndàn） 展览（zhǎnlǎn） 肮脏（āngzāng）
贪婪（tānlán） 商行（shānghàng） 开端（kāiduān） 转弯（zhuǎnwān）
当然（dāngrán） 观望（guānwàng） 宽广（kuānguǎng） 狂欢（kuánghuān）
敏感（mǐngǎn） 连年（liánnián） 前沿（qiányán） 检验（jiǎnyàn）

2. 绕口令练习

（1）床有多长

小黄家有两张床，
一张短来一张长。
长床短床共十三尺长，
短床长一尺和长床同样长，
长床短一尺和短床一样长。

请别用尺子量，

算出长床短床各有几尺长。

（2）扁担不是板凳

扁担是扁的，板凳有板的。

扁担扁，扁的不都是扁担，

板凳板，有板的不都是板凳。

扁担不是板凳，板凳不是扁担，

别把扁担说成板凳，

别把板凳说成扁担。

1.用下列韵母尽量多地写出相关汉字。

in：

eng：

ɑng：

（同学可自设练习）

2.听读下列词语，写出画线字的韵母。（越快越好）

上网（   ）　　在线（   ）　　硬件（   ）　　登陆（   ）　　短信息（   ）

网民（   ）　　屏幕（   ）　　论坛（   ）　　病毒（   ）　　防火墙（   ）

粉丝（   ）　　网址（   ）　　博客（   ）　　主页（   ）　　浏览器（   ）

（可再找一些网络词语并写出韵母）

3.请为下列句子中画线字标注韵母。

① 玉屑（   ）似的雪末儿随风（   ）飘扬，映（   ）着清晨（   ）的阳光，显出一道道五光十色的彩虹。

② 忽然，一位男导游迅速脱（   ）下夹克，盖在一块数百公斤重的大石头的一个缺（   ）口上，再将带来的游客叫到跟（   ）前。

③ 当<u>秀</u>（　　　）才时，就把一个小钱看得像命一样，如今<u>侥幸</u>（　　　）当了地方官，手中有了权<u>柄</u>（　　　），能不<u>托</u>（　　　）箱探<u>囊</u>（　　　），拼命搜<u>刮</u>（　　　），<u>作</u>（　　　）头戴乌纱的窃<u>贼</u>（　　　）吗？

④ 我看见天空很蓝，就像你在我身边的温<u>暖</u>（　　　），生命有太<u>多</u>（　　　）遗憾，人越成<u>长</u>（　　　）越<u>觉</u>（　　　）得孤单。我很想飞多<u>远</u>（　　　）都不会<u>累</u>（　　　），才<u>明</u>（　　　）白爱得越深心就会越<u>痛</u>（　　　）。

4. 请同学们各抄写一段歌词或者语文课文，要求标注汉字韵母并相互批改（可找100个字，1字1分）。

5. 为下面诗文中画线的字写出韵母，并朗读。

风急天高猿啸<u>哀</u>，<u>渚</u>清沙白鸟飞<u>回</u>。

无边落木萧萧<u>下</u>，不<u>尽</u>长江滚滚<u>来</u>。

万里悲秋常作<u>客</u>，<u>百</u>年多病独登台。

艰难苦<u>恨</u>繁<u>霜</u>鬓，<u>潦</u>倒<u>新</u>停浊酒杯。

——杜甫《登高》

6. 请根据下面的话题说话（时间 2～3 分钟，注意韵母的读音）。

① 我的愿望

② 我的学习生活

③ 我最尊敬的人

📖 读一读

普通话水平测试作品

三百多年前，建筑设计师莱伊恩受命设计了英国温泽市政府大厅。他运用工程力学的知识，依据自己多年的实践，巧妙地设计了只用一根柱子支撑的大厅天花板。一年以后，市政府权威人士进行工程验收时，却说只用一根柱子支撑天花板太危险，要求莱伊恩再多加几根柱子。

莱伊恩自信只要一根坚固的柱子足以保证大厅安全，他的"固执"惹恼了市政官员，险些被送上法庭。他非常苦恼，坚持自己原先的主张吧，市政官员肯定会另找人修改设计；不坚持吧，又有悖自己为人的准则，矛盾了很长一段时间，莱伊恩终于想出了一条妙计，他在大厅里增加了四根柱子，不过这些柱子并未与天花板接触，只不过是装装样子。

三百年过去了，这个秘密始终没有被人发现。直到前两年，市政府准备修缮大厅的天花板，才发现莱伊恩当年的"弄虚作假"。消息传出后，世界各国的建筑专家和游客云集，当地政府对此也不加掩饰，在新世纪到来之际，特意将大厅作为一个旅游景点对外开放，旨在引导人们崇尚和相信科学。

作为一名建筑师，莱伊恩并不是最出色的。但作为一个人，他无疑非常伟大，这种伟大表现在他始终恪守着自己的原则，给高贵的心灵一个美丽的住所，哪怕是遭遇到最大的阻力，也要想办法抵达胜利。

——节选自游宇明《坚守你的高贵》

字音提示

建筑（jiànzhù）　受命（shòumìng）　支撑（zhīchēng）　固执（gùzhí）

苦恼（kǔnǎo）　接触（jiēchù）　掩饰（yǎnshì）　景点（jǐngdiǎn）

第三节

分清声调不标准现象

问题思考

1. 普通话与重庆方言的声调调值有什么不同？
2. 从调型调值看，重庆人最难掌握的声调是哪一个？
3. 古入声字有什么规律？

普通话的声母和韵母都训练了，是不是就可以说一口标准的普通话了呢？我们知道，普通话语音有三个要素：声母，韵母和声调。而普通话的语音面貌主要决定于声调，如果一个人说话时声母和韵母有些问题，但声调很标准，常会让人感觉其语音面貌还不算太"丑"；但若是声母和韵母都比较标准，而声调的高低升降不准确，就往往会让人听不懂。下面就是一位山东籍的语文老师，为学生朗读一首陆游的古诗，题为《卧春》，要求学生听写出来。

语文老师朗读如下：　　　　　有位学生听写如下：

《卧春》　　　　　　　　　　　《我蠢》

暗梅幽闻花，　　　　　　　　　俺没有文化

卧枝伤恨底，　　　　　　　　　我智商很低，

遥闻卧似水，　　　　　　　　　要问我是谁，

易透达春绿。　　　　　　　　　一头大蠢驴。

岸似绿，　　　　　　　　　　　俺是驴，

岸似透绿，　　　　　　　　　　俺是头驴，

岸似透黛绿。　　　　　　　　　俺是头呆驴。

可见，声韵都对，声调不对，会让听者不知所云。因此，分清声调的调值也是学习普通话语音不可缺少的。

再以重庆方言为例，如果说话时，总把"工作"说成"工昨"、把"钢笔"说成"钢鼻"，就会让人感觉有一股"椒盐"味儿。这种语调偏误，就是由于声调调值不正确造成的。总的来说，声调的不标准现象有以下两种情况：

 调值的错误

1. 普通话与方言的调值调型对应关系

西南地区方言与普通话的调类是相同的，以重庆方言为例，都是阴平、阳平、上声、去声四个声调，但二者同一调类的调值却各有不同。按五度标记法来看，普通话四个声调的调值分别为55、35、214、51。根据它们的实际发音，可以知道普通话一声至四声的调形分别是"平、升、曲、降"。但是重庆方言一至四声的调值是44、21、42、214，调形是"平、降、降、曲"，与普通话的差别很大。如：把"贵州（guìzhōu）"读成"鬼州（guǐzhōu）"，就是把降调读成了升调，即把实际调值51读成了35。如果

我们明确了普通话与方言调值调型的对应关系，就不会出现声调错误的现象了。以重庆话为例，与普通话的对应关系见表3-10：

表3-10

调 类	例 字	普通话	重庆话
阴平	妈	55	44
阳平	麻	35	21
上声	马	214	42
去声	骂	51	214

从表中可以看出，普通话的上声与重庆话的去声调值相同，都是214；普通话的去声（51）与重庆话的上声（42）相似，都是降调。如果重庆人发不准普通话的上声，可以用重庆话的去声试着纠正；如果重庆人发不准普通话的去声，可以改用重庆话的上声试着纠正；同时也可以多听，多模仿，多接受广播、电视、电影里标准语音的影响。

2. 古入声字的误读

古代汉语中，声调分为"平、上、去、入"四类，其中的"入"声字演变到今天，已经产生了很大的变化。入声字除在部分方言中还保留了一些外，在现代汉语普通话中已经不存在了。以重庆话和普通话比较，其演变情况见表3-11：

表3-11

古调类 调类和调值 类别 / 古声母	平		上		去		入		调类数
	清	浊	清	浊	清	浊	清	浊	
普通话	阴平 55	阳平 35	上声 214		去声 51		分别归阴阳上去		4
重庆话	阴平 44	阳平 21	上声 42		去声 214		归阳平		4

从表3-11可以看出，古入声调类的字在普通话中的演变是"入派四声"，而在重庆话里则是"入派阳平"，因此，重庆人学普通话就要识别古入声字，并且找到其改读为普通话的规律。否则，就容易出现声调的误读。据统计，常用古入声字有700个左右，在普通话里约40%读去声，约31%读阳平，约21%读阴平，约8%读上声。只有约31%的字音可以与重庆方言对应。而且并不是重庆方言中所有的阳平字都是入声字，还

有一部分阳平字是由古平声演变而来的，在普通话里本来就读阳平。所以，只有那些在普通话中应读阴平、上声、去声的古入声字才是需要我们识别的。其规律大致如下：

①声母是 b、d、g、j、zh、z、的阳平字，绝大多数是古入声字。如：白、答、革、吉、哲、杂等。

②声母是 zh、ch、sh、r 的 uo 韵母字都是古入声字。如：提、桌、绰、说、弱等。

③声母是 f 的 a 和 o 韵母字都是古入声字。如：发、罚、法、佛等。

④声母是 p、t、m、n、l 的 ie 韵母字，绝大多数是古入声字。如：瞥、铁、灭、捏、列等。

⑤ üe 韵母的字除"靴、瘸、嗟"几个字外，大都是入声字。如：略、虐、却、雀、学、雪、月、乐、确等。

掌握以上几条规律可以推断出近 400 个古入声字。此外，《古入声字的普通话读音表》（附于光盘）也可供查阅。

识别了古入声字，还要明确它们的普通话调值。改读时也可寻找规律，成批转换。例如声母是 m、n、l、r 以及部分零声母的古入声字在普通话里大多数念为去声，如：麦、灭、木、纳、聂、虐、腊、勒、乐、力、列、六、绿、落、热、日、若、业、月、物、欲等。

二 调值的缺陷

在实际读音中，不少人的声调调值明显偏低或偏高，尤其是与普通话四声中的五度所表现出的高点或低点很不一致，这种现象属于声调发音的缺陷，即发音不到位。比如：阴平在发音上未能保持从 5 度到 5 度，有下降的趋势；阳平在发音时未能直接扬上去，本来是从 3 度到 5 度的，结果只念到 4 度就结束了；上声 214 在实际发音时念成 21 或者 24 都不对；而去声又可能出现 51 调值的起点不是 5 度或者最低点没降到 1 度的现象。这些发音缺陷，我们在训练普通话时要有意识地纠正。

念一念

	ˉ（55）	′（35）	ˇ（214）	ˋ（51）		ˉ（55）	′（35）	ˇ（214）	ˋ（51）
ba:	巴	拔	把	罢	po:	坡	婆	叵	破
niu:	妞	牛	扭	拗	liao:	撩	聊	了	料
zuo:	作	昨	左	坐	cai:	猜	才	采	菜

sui:	虽	随	髓	岁	zhi:	知	直	纸	至
cheng:	称	呈	逞	秤	shen:	申	神	审	慎
qing:	青	晴	请	庆	ke:	科	咳	可	克
fei:	飞	肥	匪	费	qin:	亲	勤	寝	泌

听一听

阴阴（ˉˉ）	春天	播音	西安	工兵	拥军	东风	交通
阴阳（ˉˊ）	支援	坚决	鲜明	工人	飘扬	高潮	新华
阴上（ˉˇ）	批准	发展	班长	听讲	黑板	刚果	灯塔
阴去（ˉˋ）	规范	单位	通信	根据	经济	深入	声调
阳阴（ˊˉ）	农村	平均	狂欢	节约	滑冰	荣光	澄清
阳阳（ˊˊ）	儿童	团结	联合	离别	停留	人民	随同
阳上（ˊˇ）	勤恳	寻找	难免	截止	民主	和好	驳倒
阳去（ˊˋ）	革命	豪迈	辽阔	雄厚	模范	同志	群众
上阴（ˇˉ）	每天	纺织	转播	抢修	领空	整装	产生
上阳（ˇˊ）	指南	统筹	普及	解决	敏捷	谴责	抢夺
上上（ˇˇ）	领海	领导	鼓掌	打倒	感想	场所	美满
上去（ˇˋ）	假设	左右	诡辩	挑战	舞剧	曲剧	本位
去阴（ˋˉ）	电灯	象征	外观	地方	救灾	自发	外宾
去阳（ˋˊ）	自然	化学	措辞	特别	戒严	挫折	报名
去上（ˋˇ）	运转	下雪	外语	购买	末尾	恰巧	并且
去去（ˋˋ）	日月	布告	大厦	惧怕	画象	自传	破例

记一记

阴阴（ˉˉ）	芭蕉	冰川	波涛	鲜花	芳香
阳阳（ˊˊ）	黎明	文学	驰名	勤劳	繁荣
上上（ˇˇ）	舞蹈	辅导	处理	领导	展览

去去（ˋˋ）	热爱	荡漾	胜利	魅力	锻炼
阴阳（ˉˊ）	奔流	观察	生活	精华	江河
阴上（ˉˇ）	倾吐	清早	歌咏	光彩	编者
阴去（ˉˋ）	鞭炮	开辟	天意	充沛	珍重
阳阴（ˊˉ）	台灯	行星	才思	研究	阳光
阳上（ˊˇ）	成果	传统	文采	联想	调侃
阳去（ˊˋ）	含蓄	宁静	足迹	评价	融洽
上阴（ˇˉ）	老师	产销	火锅	警钟	小说
上阳（ˇˊ）	舞台	改革	启迪	感觉	语言
上去（ˇˋ）	榜样	典故	款式	喜庆	访问
去阴（ˋˉ）	诞生	浪花	爱惜	曝光	气氛
去阳（ˋˊ）	伴随	练习	少年	漫谈	浪潮
去上（ˋˇ）	翅膀	驾驶	赞赏	庆典	记者

 读一读

1. 词语练习

中国伟大（zhōngguówěidà）　　　阴阳上去（yīnyángshǎngqù）

逆水行舟（nìshuǐxíngzhōu）　　　戏曲研究（xìqǔyánjiū）

刻苦读书（kèkǔdúshū）　　　　　木已成舟（mùyǐchéngzhōu）

悲欢离合（bēihuānlíhé）　　　　晴天霹雳（qíngtiānpīlì）

山河美丽（shānhéměilì）　　　　资源满地（zīyuánmǎndì）

碧草如茵（bìcǎorúyīn）　　　　　历史学科（lìshǐxuékē）

热火朝天（rèhuǒcháotiān）　　　赤胆红心（chìdǎnhóngxīn）

珍惜光阴（zhēnxīguāngyīn）　　　青山绿水（qīngshānlùshuǐ）

2. 绕口令练习

（1）小赵找小枣

树上挂个小枣，树下站着小赵，

小赵打小枣，小枣掉进草，

小赵草里找小枣，枣太小，不好找。

小赵分开草细细找枣，

找到了掉进草里的枣。

（2）荷、鹤、河

河中有荷又有鹤，

哥哥爱荷也爱鹤。

荷和鹤，都夸河，

没河就没荷和鹤，

哥哥爱荷爱鹤更爱河。

一试身手

1. 找出下列读音错误的音节并将正确读音写在横线上。

战争 zànzēn   线索 xiànsǒ   闸门 zámén   诊治 zhěnzì

_____   _____   _____   _____

筹措 cǒucuò   丑类 chǒulǔi   身高 sēngāo   证券 zhèngjuàn

_____   _____   _____   _____

破坏 puòhuì   同等 dóngdén   金币 jìngbi   富翁 hùwōng

_____   _____   _____   _____

远洋 yuániang   云霞 yúnxá   轮流 luénlióu   强壮 qiánzuàng

_____   _____   _____   _____

泉水 quánshuěi   英雄 yīnxong   语句 yǔjù   效率 xiaòlù

_____   _____   _____   _____

家庭 jātín   斗争 diòuzhěn   政治 zhèngzhì   浓重 lóngzhòng

_____   _____   _____   _____

2. 为下列画线字写上声韵调。

① 就让生命顺其自然（　　　　）、水到渠成（　　　　　）吧……自生自落之间，自有一分圆融丰满（　　　　）的喜悦。

② 这个由两百（　　　　）多家大公司（　　　　）及五十多万会员鼎力相助（　　　　）支持的民营（　　　　）机构，收藏（　　　　）了数十万件价值连城（　　　　）的物品，实在值得（　　　　）一看再看。

③ 十年来纽约（　　　　）的公立小学只因为超级暴风雪停过（　　　　）七次课。这是多么令人惊讶（　　　　）的事。

④ 因为我不在乎（　　　　）别人怎么说（　　　　），我从来没有忘记过对自己的承诺（　　　　），对爱的执着（　　　　）。我知道我的未来不是梦（　　　　），我认真（　　　　）地过每一分钟，我的未来不是梦，我的心（　　　　）跟着希望（　　　　）在动。

3. 为下面的诗文注音，并把方言同普通话容易弄混淆的音节加上点，然后朗读。

我不去想，　　　　　　　便只顾风雨兼程。

是否能够成功，　　　　　我不去想，

既然选择了远方，　　　　能否赢得爱情，

既然钟情于玫瑰，　　　　留给世界的只能是背影。

就勇敢地吐露真诚。　　　我不去想，

我不去想，　　　　　　　未来是平坦还是泥泞，

身后会不会袭来寒风冷雨，　只要热爱生命，

既然目标是地平线，　　　一切都在意料之中。

——汪国真《热爱生命》

4. 为下列词语写上正确的声韵调。

刷卡（　　）　　自助（　　）　　快餐（　　）　　出租（　　）　　追星族（　　）

主机（　　）　　美容（　　）　　聊天（　　）　　论坛（　　）　　发烧友（　　）

回复（　　）　　遥控（　　）　　签名（　　）　　打印（　　）　　信用卡（　　）

5. 听歌辨音（教师播放一首歌曲，同学把难点音记录并指出来）。

6. 根据下面的题目说话（时间2~3分钟，注意声母、韵母、声调、读音）。

① 我喜爱的动物

② 童年的记忆

③ 我喜爱的职业

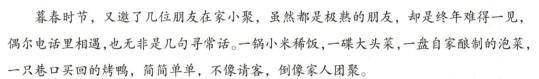

普通话水平测试作品

朋友即将远行。

暮春时节，又邀了几位朋友在家小聚，虽然都是极熟的朋友，却是终年难得一见，偶尔电话里相遇，也无非是几句寻常话。一锅小米稀饭，一碟大头菜，一盘自家酿制的泡菜，一只巷口买回的烤鸭，简简单单，不像请客，倒像家人团聚。

其实，友情也好，爱情也好，久而久之都会转化为亲情。

说也奇怪，和新朋友会谈文学、谈哲学、谈人生道理等等，和老朋友却只话家常，柴米油盐，细细碎碎，种种琐事。很多时候，心灵的契合已经不需要太多的言语来表达。

朋友新烫了个头，不敢回家见母亲，恐怕惊骇了老人家，却欢天喜地来见我们，老朋友颇能以一种趣味性的眼光欣赏这个改变。

年少的时候，我们差不多都在为别人而活，为苦口婆心的父母活，为循循善诱的师长活，为许多观念、许多传统的约束力而活。年岁逐增，渐渐挣脱外在的限制与束缚，开始懂得为自己活，照自己的方式做一些自己喜欢的事，不在乎别人的批评意见，不在乎别人的诋毁流言，只在乎那一分随心所欲的舒坦自然。偶尔，也能够纵容自己放浪一下，并且有一种恶作剧的窃喜。

就让生命顺其自然，水到渠成吧，犹如窗前的乌桕，自生自落之间，自有一分圆融丰满的喜悦。春雨轻轻落着，没有诗，没有酒，有的只是一分相知相属的自在自得。

夜色在笑语中渐渐沉落，朋友起身告辞，没有挽留，没有送别，甚至也没有问归期。

已经过了大喜大悲的岁月，已经过了伤感流泪的年华，知道了聚散原来是这样的自然和顺理成章，懂得这点，便懂得珍惜每一次相聚的温馨，离别便也欢喜。

——节选自杏林子《朋友和其他》

字音提示

暮春（mùchūn）	虽然（suīrán）	终年（zhōngnián）	酿制（niàngzhì）
亲情（qīnqíng）	琐事（suǒshì）	惊骇（jīnghài）	束缚（shùfù）
乌桕（wūjiù）	圆融（yuánróng）	相知相属（xiāngzhīxiāngshǔ）	

第四节

词汇与语法的比较

问题思考

1. 你知道方言词汇在使用普通话时需要转换成普通话规范词汇吗？

2. 你知道重庆方言的句式结构直接换调说普通话也是不规范的吗？

3. 你可以列举你遇见过使用普通话中因为词汇和语法问题闹的笑话吗？

　　语言是由语音、词汇和语法三大要素构成的，除了在语音方面要注意方言与普通话的差异，在词汇和语法方面也要分清二者的异同。请看下面的两段对话：

（1）（四川人在北方到商店买东西）

　　人：同志，有没有洗粉儿（音同媳妇儿）卖？

　　售货员（生气）：这里不卖媳妇儿。……

（2）（一个外地商人给重庆商人打电话）

　　外地商人：……我的那笔款子什么时候汇过来？

　　重庆商人：哦，你的那笔款子不都不存在。

　　外地商人：（大惊）啊……

第1段中的"洗粉儿"在普通话中应该是"洗衣粉"，第2段中的"不存在"实际意思是"没问题"，而且"不都不存在"也不符合普通话的语法规范。可见，方言词汇和语法的差异同样会引起交流的障碍。普通话以北方方言为基础方言，西南地区方言属于北方方言区，西南地区的人学普通话本来是有优势的，然而不少的人以为只要把语音改为北京语音就可以了。殊不知，除了被收入到普通话的方言词汇、语法属于规范词汇、语法外，还有不少词汇、语法仍然属于方言词汇、语法。因此，凡是不懂得规范词汇和语法的人说的普通话就是我们说的"椒盐普通话"或"川普"，比如："你在做啥子？""嘟个搞起得嘛？"。那么，如何将方言词汇和语法规范为普通话词汇和语法呢？这里，我们进行如下比较归类，帮助大家举一反三进行学习。

一 词汇比较

（一）名词

方言	普通话	方言	普通话
丁丁猫儿	蜻蜓	偷油婆	蟑螂
格蚤	跳蚤	瞎孔	胳肢窝
客西头儿	膝盖	卡卡角角	小角落、旮旯
车笔刀	削笔刀	老壳	脑袋
手倒管儿	手肘	虫算儿	蚯蚓
索索滩儿	滑梯	罗兜/作登儿（人/牲口）	臀部
爪母儿	蚱蜢	金啊子	知了
客玛儿	青蛙	癞疙宝	癞蛤蟆
巢虫	蛔虫	雀雀儿	小鸟
照鸡儿	蛐蛐儿	告花子	乞丐

你再批批看

_____ _____ _____ _____

_____ _____ _____ _____

（二）动词

方言	普通话	方言	普通话
共过来	挤过来	款到老	碰着了
吹垮垮 / 摆龙门阵	聊天	爪瞌睡	打瞌睡
莽进去	喂进去	咔（死）	掐（死）
达扑爬	摔跤	考科科儿	敲一下头
打王逛	精神不集中	巴到	挨着
瓦饭	盛饭	喀过来	跨过来
调	跑	翻羊角砖儿	翻跟斗
怜菜	夹菜	扯仆汉	打呼噜
扯把子	撒谎	摆龙门阵	谈天、闲聊
骇得	吃得多	腰抬 / 收秤 / 杀鸽	结束
板旋儿	耍赖	哈即跟儿	挠痒痒

你再找找看

_____ _____ _____ _____

_____ _____ _____ _____

（三）形容词

方言	普通话	方言	普通话
烦造造、脏兮兮	肮脏	趴唧唧的	软软的
低低嘎嘎	很少	惊抓抓	大惊小怪
矿西西	很糊涂	高耸耸肥东东的	又高有胖
短处处的	短短的	飞叉叉的	很野的样子
黑琛	很直	雾独独	冷不防的
神戳戳	发神经	念栋栋	黏稠的
油济济	很油的样子	黑登笃	很帅气

你再班班看

_____ _____ _____ _____
_____ _____ _____ _____

（四）量词

事物	方言	普通话
椅子	根	把
围巾	根	条
叶子	匹	片
肉	坨	块
山	匹	座
烟卷	杆、根	支

你再班班看

_____ _____ _____ _____
_____ _____ _____ _____

（五）代词

方言	普通话	方言	普通话
别个	别人、人家	勒阵儿	这会儿
恁个	这样	啷个	怎么
啥子	什么	好多	多少
哪点	哪里	那哈儿	那会儿

_____ _____ _____ _____

_____ _____ _____ _____

（六）副词

方言	普通话	方言	普通话
嘿或嘿摸	很或非常	捞（轻）	很或非常
焦（黄/干）	很或非常	稀（撇）	很或非常

_____ _____ _____ _____

_____ _____ _____ _____

（七）助词

方言	普通话	方言	普通话
（站）倒	（站）着	（睡）倒起	（睡）着

_____ _____ _____ _____

_____ _____ _____ _____

（八）语气词

方言	普通话
（你上街）不	（你上街）吗
（他拿走了）得嘛	（他拿走了）呀
（我走了）哈	（我走了）哦
（注意安全）哈	（注意安全）啊
（给钱）塞	（给钱）啊
（你想看就看）索	（你想看就看）嘛

你再找找看

________________ ________________

________________ ________________

二 语法句式比较

1. 句式一

方言	普通话
A不AB	AB不AB
认不认得	认识不认识
好不好看	好看不好看
安不安静	安静不安静

你再找找看

____________ ____________

____________ ____________

2. 句式二

方言	普通话
×得不得 AB	×会不会 AB
老师得不得生气	老师会不会生气
今天得不得下雨	今天会不会下雨

 你再找找看

_____   _____

_____   _____

3. 句式三

方言	普通话
×A 不 A 得来 B	×会不会 AB
你跳不跳得来舞	你会不会跳舞
你写不写得来字	你会不会写字
你煮不煮得来饭	你会不会煮饭

 你再找找看

_____   _____

_____   _____

4. 句式四

方言	普通话
×A 都 A（B）了	×已经 A（B）了
饭吃都吃完了	饭已经吃完了
那里我去都去过了	那里我已经去过了
衣服洗都洗了	衣服已经洗了

_____   _____

_____   _____

以上归纳和总结的只是方言中部分较为突出的方言词汇和语法句式现象，希望大家能够根据这些举例注意日常生活及工作中的普通话词汇和语法规范，有意识地进行方言和普通话的对换，坚持这种训练，一定会使你的普通话语音面貌有很大的改观。

一试身手

1. 请为下列方言词汇写出普通话规范词汇。

假巴意思（　　）	洗白（　　）	窝料（　　）
勒里（　　）	卡卡各各（　　）	挖爪（　　）
闹热（　　）	除脱（　　）	滴滴噶噶儿（　　）
吱干净（　　）	瓜西西（　　）	清候（　　）
刹一脚（　　）	喱了一脚（　　）	冒皮皮（　　）
诀人（　　）	扫皮（　　）	对头（　　）
扯把子（　　）	斗是（　　）	霸道惨老（　　）
要得（　　）	撒子/爪子（　　）	莫恁个（　　）
好黑人（　　）	搭飞白（　　）	捡趴豁（　　）

2. 将听到的父母或邻居说的方言词汇或语法现象记录下来，转变成普通话词汇和语法。

	方言	普通话
①	_____	_____
②	_____	_____
③	_____	_____

3. 根据下面的话题说话。时间 2 ~ 3 分钟，注意避免方言词汇和语法错误。

① 我和体育

② 我的家乡

③ 谈谈美食

读一读

普通话水平测试作品

　　我常常遗憾我家门前的那块丑石。它黑黝黝地卧在那里，牛似的模样；谁也不知道是什么时候留在这里的，谁也不去理会它。只是麦收时节，门前摊了麦子，奶奶总是说：这块丑石，多占地面呀，抽空把它搬走吧。

　　它不像汉白玉那样的细腻，可以刻字雕花，也不像大青石那样的光滑，可以供来浣纱捶布；它静静地卧在那里，院边的槐荫没有庇覆它，花儿也不再在它身边生长。荒草便繁衍出来，枝蔓上下，慢慢地，它竟锈上了绿苔、黑斑。我们这些做孩子的，也讨厌起它来，曾合伙要搬走它，但力气又不足；虽时时咒骂它，嫌弃它，也无可奈何，只好任它留在那里了。

　　终有一日，村子里来了一个天文学家。他在我家门前路过，突然发现了这块石头，眼光立即就拉直了。他再没有离开，就住了下来；以后又来了好些人，都说这是一块陨石，从天上落下来已经有二三百年了，是一件了不起的东西。不久便来了车，小心翼翼地将它运走了。

　　这使我们都很惊奇！这又怪又丑的石头，原来是天上的呀！它补过天，在天上发过热，闪过光，我们的先祖或许仰望过它，它给了他们光明，向往，憧憬；而它落下来了，在污土里，荒草里，一躺就是几百年了！

　　我感到自己的无知，也感到了丑石的伟大；我甚至怨恨它这么多年竟会默默地忍受着这一切？而我又立即深深地感到它那种不屈于误解、寂寞的生存的伟大。

——摘自贾平凹《丑石》

字音提示

丑石（chǒushí）　　牛似的（niúshìde）　　细腻（xìnì）　　浣纱（huànshā）

槐荫（huáiyīn）　　庇覆（bìfù）　　繁衍（fányǎn）　　惊奇（jīngqí）

憧憬（chōngjǐng）

CHAPTER 4

第四章
朗读与朗诵

朗读与朗诵是口语交际的重要形式，朗读训练是普通话语音训练的巩固和提高。学习朗读与朗诵有助于我们提高思维敏捷度，培养我们对语言词汇细致入微的体味能力，帮助我们更好地掌握语言规律，提高普通话综合运用水平和语言的表现力。

为什么有的同学读书很好听，而有的同学读书像念经？你是不是羡慕别人感情真挚、优美动听的朗诵，而苦恼于自己读书的枯燥无味？你期望通过学习训练提高自己的朗读水平吗？让我们一起来完成以下学习任务吧。

学习目标

1. 理解并掌握朗读与朗诵的基本概念与要求。
2. 掌握并能正确运用朗读的基本技巧。
3. 掌握常见朗读标记符号。
4. 运用正确的方法进行朗读训练，提高朗读水平。

第一节

概念与要求

问题思考

1. 朗读与朗诵有什么异同？
2. 诵读有什么基本要求？
3. 学习诵读对于我们提高普通话交流水平有何作用？

一 基本概念

曾有一位醉心于写诗作赋的年轻人，拿着自己的作品请教于苏东坡。他声情并茂地朗读完，问到："我的诗作能得几分呀？"苏东坡含笑答道："可得十分。不过，我说的可是三分写七分读啊。"可见，入情入境、绘声绘色的诵读，可以为文字作品增添无穷的魅力。

（一）朗读

朗读，就是运用普通话朗声读书。朗读是一种语言再现活动，是朗读者在忠实于文本原意的基础上，创造性地还原语气，将无声的书面语言转变成活生生的，清晰、响亮的有声语言，准确、鲜明、生动地表达作品的思想感情和艺术形象的过程。

（二）朗诵

朗诵，是用清晰、响亮的有声语言，结合各种手段来完善地表达作品思想感情的一种语言再创造活动。朗，即声音的清晰、响亮；诵，背诵、吟诵。朗诵是口语交际的一种重要形式，也是我们提高口语表述与交际能力不可忽视的一种重要训练手段。

（三）区别与联系

朗读与朗诵都是有声语言的艺术，所用重音、停顿、语速、语调等基本技巧相同，但朗读强调的是忠实于文本，更具平易性，更贴近生活，功能更全面，社会性更广泛；朗诵则允许朗诵者依托文本为基础，结合自己的审美体验进行合理的艺术加工，艺术性更强，手段更多样，更能表现作品的神髓，更能打动人并感染人。

二者联系紧密，而又各具特色，不可混为一谈。

1. 适用对象

朗诵考虑的是让观众受感动，观众可以用欣赏眼光从中获取艺术感染和美的享受；朗读考虑的是让听众听清楚，让听众从中获取信息和知识，在此基础上亦可获取美的享受和艺术感染。

2. 文本材料

朗读对文本的依赖性强，需要"照本宣科"；几乎所有文字材料都可以作为朗读对象，长到一篇长篇小说、一部论著，短到一个字、一个词。朗诵材料的选择范围也狭窄得多，一般仅限于抒情色彩较浓的各种文学作品，如诗歌、散文、剧本台词等。

3. 表现形式

朗诵具有表演性，需要声情并茂，需要在特定的场合，用丰富多彩的语言手段（如体态、化装、灯光、音乐舞美布景等）及其他声音形式（如音乐等），强化情感和渲染气氛，创造出优美动人的语言意境和艺术形象。朗读则不需要以上手段。

4. 表达特点

朗诵需要对自己的声音进行化妆，可用气音、颤音，可泣诉，也可笑语；在音色、音量、语速、节奏上可做些适当的夸张变化，并与表情、动作、神态等态势语有机结合起来，把作品内容更形象地展示给听者。朗读要求自然真实，除了要读准声、韵、调，还要做到不添字、不漏字、不回读、不颠倒语序、语调平稳，切忌过分夸张和表演。

需要强调的是，当朗读的对象为抒情浓郁的文学作品时，朗读和朗诵的区别基本也就不着痕迹了。

诵读与朗诵亦可合称为"诵读"。本书主要从口语表达角度讲解诵读的一般知识，不严格区分朗诵与诵读，以下统称为诵读。

二 基本要求

诵读是一种语言再现，所承担的任务是传递信息。但绝不是简单的"照本宣科"，诵读，要求通过原作的字句、语段，用有声语言，传达出作品的主要精神和艺术美感。正如张颂先生在他的《朗读学》中指出："朗读既有感受的魅力，又有再体验的动力，更有自我检验的活力。应该说，朗读引导着朗读者和听者走向文字更深的去处。"因此，从某种意义上说，朗读是一种"理解原作、超越原作的审美创作活动"（胡立伟《品读沙龙》）。

诵读者必须明确诵读的一些基本要求：

（一）深入作品，把握情感

诵读，要通过声音把文章内在的思想感情忠实地表达出来，准确诠释文字材料所蕴含的丰富思想内涵，使作品"在内心形成生机勃勃的'语流'"，并通过"诉诸有声语言的诵读"（胡立伟《品读沙龙》），让那些"沉默"的铅字灵动起来，富有生命的活力，与听者的心灵交流、唱和……

因而，诵读者必须做到：

1. 深入阅读，理解内容

熟悉作品，深入透彻地理解并准确地把握作品的内容和思想内涵，是成功朗读的重要前提。

在诵读中，各种艺术手段的运用是十分重要的。但如果离开了准确把握作品内容这一前提，任何艺术技巧都成了单纯的形式，无法做到以声传情，更无法与听众之间产生情感交流和心灵共鸣。

因此，诵读者必须真正走进作品，努力透过作品的字里行间，深入了解作者的创作意图，仔细体味作者的真情实感，准确理解作品内容，把握作品主题，进而披文入情，融情于声，才能避免把作品读得支离破碎，才能准确地传达出作品的思想内涵。

毛泽东的词《沁园春·雪》，热情赞扬了祖国的壮丽河山，说明人民才是真正的主人；朱自清的散文《春》，热情赞美春天给所有人带来了希望与活力。陈然的《我的自白书》，昭示出革命者视死如归的英雄气概和对敌人极端蔑视的大无畏的革命精神。三篇作品的内容、题材、表达方式各不相同，因而朗读时，处理的方式也不尽相同，表达效果自然也不会一样。

2. 理解情感，把握基调

准确把握作品基调，是成功朗读的重要基础。诵读活动中，情感是确定基调的重要依据，同时基调又制约着情感。

基调，是指整篇作品的基本情调，即作品总的态度感情。作品的基调是蕴涵在作品层次、段落、语句中的感情色彩倾向的综合体现。诵读者必须深入阅读作品，正确地理解作品所蕴藏的丰富的思想感情，认真解析作品的体裁、主题、结构、语言及风格，"因文定调"，进而"依情赋声"。只有这样，诵读者才能与作品产生"心灵的应答、情感的呼应和理念印证"（胡立伟《品读沙龙》），才能采用最恰当的语言风格和朗读方法去表达作品的喜怒哀乐，"糅合自己与作者的人生，向听者阐发自己此时此地全身心的共鸣"（胡立伟《品读沙龙》），朗读才会有真情实感。

《沁园春·雪》和《春》的风格截然不同，表达基调也就不同，前者激情洋溢、气势恢宏，后者则是优美舒缓、轻松而乐观向上的。

基调的确立决定着作品的表达方式，但并不是意味着整篇作品都要用同一种情绪、同一种腔调来表现，具体的语言表达应根据作品内容的变化而发生相应的变化。如《最后一课》的基调是悲愤的，但文章开头轻松、愉悦地描写一个贪玩孩子的感受，就不能用悲愤的情绪来表达了。

总之，对文章理解得越深，基调就确定得越准，也就越能恰当地运用语言技巧，真正读出感情。

（二）字音准确，语言规范

普通话诵读是一门学问。它除了要求忠于作品原貌外，还要求在声母、韵母、声调、音变及语言表达方式等方面都符合普通话语音的规范。因而必须在以下几方面下功夫：

（1）规范发音，克服方言。注意普通话和自己方言在语音上的差异。不仅要注意声、韵、调方面的差异，还要注意语流中的各种音变现象。

（2）注意多音字的读音。多音字是产生误读的重要原因之一，要从两个方面去加以注意：一是意义不相同的多音字，要着重弄清它的不同含义，并记住其不同含义的不同读音；二是意义相同的多音字，要着重弄清其不同读音的不同使用场合。

（3）准确辨析形近字，避免滥用偏旁类推造成的误读。

（4）注意异读词的读音。在普通话词汇中，有部分词（或词素）的意义相同或基本相同，但在习惯上有两个或几个不同的读音，这就是"异读词"。诵读时，要以国家

1985 年公布的《普通话异读词审音表》规定的读音为准，规范发音。

（三）准确流畅，吐字清晰

"准确"是朗读作品的基本要求，"流畅"则是朗读作品的表意需要。宋代朱熹提出，诵读要做到"诵之宜舒缓不迫，字字分明"，就是说诵读作品必须读得准确流畅、吐字清晰。准确流畅，就是读音正确、快慢适当、停顿恰当、语气连贯，不加字、不丢字、不重复，不读破词语、句子，做到节奏和谐。吐字清晰，就是音量高低适当，音节界限分明，音值区域清晰，不吃字，使人听得明明白白。

第二节

诵读的基本技巧

问题思考

1. 常见的朗读标记符号有哪些？有什么作用？
2. 怎样运用正确的方法进行诵读训练，提高自己的诵读水平？

诵读是一种声音运用的艺术。丹纳在《艺术哲学》中这样描述："人的一切喜怒哀乐、一切骚扰不宁、起伏不定的情绪，连最微妙的波动、最隐蔽的心情，都能用声音直接表达出来，而表达的有力、细致、准确，都无与伦比。"要达到这种"无与伦比"的境界，学习并掌握一些基本诵读技巧十分必要的。

诵读技巧是诵读过程中熟练驾驭声音表情的技术和能力，它是诵读成功的关键。

（一）停连：[停顿符号：// （次停顿符号：/) 连读符号：⌒]

先看下面的故事：

从前有一个非常吝啬的人，家里来了几个客人，玩了好几天，等到要离开时，天却下起雨来，客人的行程就又耽搁下来。吝啬的主人很希望客人早点离开，但又不好意思明说，就写了一个字条"下雨天留客天留我不留"放在客人的房间里，意思是"下雨天留客 // 天留我不留"谁知客人看后竟没有一点反应。这人急了，只好开口问客人怎么还不走，客人说："不是你要我们留下来的吗？"还拿出主人写的字条念到："下雨天 // 留客天 // 留我不 // 留" 这个吝啬的主人哑口无言。

原来当时的文字是没有标点符号的，客人就是巧妙地运用了停顿，改变了这个"吝啬的主人"的原意，让其吃了个哑巴亏。

停连，是指诵读中声音的停顿或连续。任何文字材料的诵读，都不能一字一停，断断续续，也不能字字相连，一口气念到底。在有声语言语流中，那些为表情达意需要所出现的或长或短的休止、中断，就是停顿；而那些不休止、不中断，尤其是文本中有标点符号，在有声语流中却不需要休止、中断的地方，就是连接。诵读中的停连，既是一种生理的需要，也是一种心理上的需要，是思想感情发展变化的要求；是有声语言行进中显示语意、抒发感情的方法；是与有声语言同时存在的，可称为有声语言的标点符号。

诵读中，恰当地利用停连，可使诵读曲折有致、跌宕起伏，更加清晰地传情达意，帮助听者理解文章含义，加深印象。

停顿包括生理停顿、语法停顿、强调停顿。

1. 生理停顿

生理停顿即诵读者根据气息需要，在不影响语义完整的地方作一个短暂的停歇。

"我祝愿全国的青少年 // 从小立志献身于 // 雄伟的共产主义事业……"

生理停顿不能妨碍语意表达，不能割裂语法结构，否则，就会造成歧义甚至闹笑话。

（1）我是 // 市长派来的。（√）　　我是市长 // 派来的。（×）

（2）已经取得大学文凭的 // 和尚未取得大学文凭的干部。（√）

已经取得大学文凭的和尚 // 未取得大学文凭的干部。（×）

2. 语法停顿

语法停顿是反映文字作品的语法关系的，是指文章中标点符号和自然段落间的间歇停顿，在书面语言里反映为标点和自然段落。在口头语言中用停顿来表示。

标点符号停顿时间长短规律一般是：句号、感叹句、问号、省略号＞分号、破折号、连接号＞冒号、逗号＞顿号、间隔号；段落之间的停顿＞句子之间的停顿。但要注意，诵读中停顿时间的长短是相对的，不能生搬硬套，而应根据语言表达的实际需要而定。

 **读一读**

读一读，请问有何感觉？

A. 有这样一个故事。//

有人问：//世界上什么东西的气力最大？//回答纷纭得很，//有的说"象"，//有的说"狮子"，//有人开玩笑似的说：//是"金刚"，//金刚有多少气力，//当然大家全不知道。//

结果，//这一切答案完全不对，//世界上气力最大的，//是植物的种子。//一粒种子所可以显现出来的力，//简直是超越一切的。//

——摘自夏衍《野草》

需要注意的是：标点符号与段落间的停顿，不是绝对的。有时为表达感情的需要，在没有标点的地方也可以停顿，在有标点的地方也可以不停顿。

例如：

你看见//过被压在瓦砾和石块下面的//一颗小草的生长吗？他为着向往阳光，为着达成//它的生之意志，不管上面的石块如何重，石块与石块之间//如何狭窄，它总要曲曲折折地，但是顽强不屈地//透到地面上来。

再读一读：

B. 有这样一个故事。//

有人问：//世界上//什么东西的气力//最大？//回答//纷纭得很，//有的说//"象"，//有的说//"狮子"，//有人//开玩笑似的说：//是"金刚"，//金刚有多少气力，//当然//大家全不知道。//

结果，//这一切答案//完全不对，//世界上气力最大的，//是植物的//种子。//一粒种子//所可以显现出来的力，//简直是超越一切的。//

以上例子中，句子中间没有标点的地方的停顿，叫作"强调停顿"。

3. 强调停顿

强调停顿也叫感情停顿，是不受书面标点的制约，完全是根据感情或心理的需要，为强调、突出某些因素而作的句子中间的短暂停顿处理。强调停顿受感情支配，根据感情的需要决定停或不停。它可表示某种特殊的语意，还可显现出前后部分的某种特殊关系。它是思想感情运动状态的继续和延伸，而不是思想感情的终止、中断和空白。因而，诵读中停顿技巧的运用，要力求达到"语断意连"（声断气连），"无声胜有声"的表达效果，才能准确清晰地表达作品的思想内容。

例如：

（1）A. 展销会上的花瓶，// 最好的 // 一个价值三万多元。（有许多个最好的）

　　　B. 展销会上的花瓶，// 最好的一个 // 价值三万多元。（"最好的"只有一个）

（2）A. 亲爱的 // 老师同学欢迎你。（师生共同欢迎）

　　　B. 亲爱的老师 // 同学欢迎你。（学生欢迎老师）

　　　C. 亲爱的老师同学 // 欢迎你。（师生都是被欢迎的对象）

强调停顿需要通过仔细揣摩作品，深入体会其内在含义来加以处理。想一想，下面两组句子表达的意思有何差异：

（1）A. 哥白尼认为日月星辰绕地球转动 // 这种学说是错误的。

　　　B. 哥白尼认为 // 日月星辰绕地球转动这种学说是错误的。

（2）A. 我跟他 / 学法语，// 你跟小王 / 学英语。

　　　B. 我 / 跟他学法语，// 你 / 跟小王学英语

诵读活动中，"停"与"连"往往是相互相存、紧密配合的。在诵读过程中，思想情感一直处于积极的运动状态，在意思延续或激情澎湃的地方，必须一气呵成，这就需要用语流连续的表达技巧。

1. 那 // 就从我的血肉之躯上 //

去取得 //

你的富饶、你的荣光、你的 // 自由；//

—— 祖国啊，// 我 // 亲爱的 / 祖国。

2. 小华端起碗，一看 // 里面是空的。

练一练

请按照语义或语境提示要求给下列语句标注停连符号，并读一读。

（1）改正错误的意见（建议改正错误）

改正错误的意见（建议改变意见）

（2）我不相信他是坏人（他不是坏人）

我不相信他是坏人（他是坏人）

（3）孩子们看到老师高兴地笑起来（孩子们笑）

孩子们看到老师高兴地笑起来（老师笑）

读一读

普通话水平测试作品

一天，爸爸下班回到家已经很晚了，他很累也有点儿烦，他发现五岁的儿子靠在门旁正等着他。

"爸，我可以问您一个问题吗？"

"什么问题？""爸，您一小时可以赚多少钱？""这与你无关，你为什么问这个问题？"父亲生气地说。

"我只是想知道，请告诉我，您一小时赚多少钱？"小孩儿哀求道。"假如你一定要知道的话，我一小时赚二十美金。"

"哦，"小孩儿低下了头，接着又说，"爸，可以借我十美金吗？"父亲发怒了："如果你只是借钱去买毫无意义的玩具的话，给我回到你的房间睡觉去。好好想想为什么你会那么自私。我每天辛苦工作，没时间和你玩儿小孩子的游戏。"

小孩儿默默地回到自己的房间关上门。

父亲坐下来还在生气。后来，他平静下来了。心想他可能对孩子太凶了——或许孩子真的很想买什么东西，再说他平时很少要过钱。

父亲走进孩子的房间："你睡了吗？""爸，还没有，我还醒着。"孩子回答。

"我刚才可能对你太凶了，"父亲说，"我不应该发那么大的火儿——这是你要的十美金。""爸，谢谢您。"孩子高兴地从枕头下拿出一些被弄皱的钞票，慢慢地数着。

"为什么你已经有钱了还要？"父亲不解地问。

"因为原来不够，但现在凑够了。"孩子回答："爸，我现在有二十美金了，我可以向您买一个小时的时间吗？明天请早一点儿回家——我想和您一起吃晚餐。"

——摘自唐继柳编译《二十美金的价值》

🎧 字音提示

累（lèi）	赚（zhuàn）	生气（shēngqì）	平静（píngjìng）
或许（huòxǔ）	东西（dōngxi）	高兴（gāoxìng）	枕头（zhěntou）
弄皱（nòngzhòu）			

（二）重音 ［表达符号：.（次重音符号：。）］

重音，指诵读中用增加声音强度的方法，根据语句目的及思想感情需要，对句子中的某些字、词或短语加以强调的技巧。

读读以下文段，感受一下，句中加点的词读重音或不读重音，表意有什么不同：

A. 一生中能有这样两个发现，该是很够了，即使只能作出一个这样的发现，也已经是幸福的了。但是马克思在他研究的每一个领域，甚至数学领域都有独到的发现，这样的领域是很多的，而且其中任何一个领域他都不是肤浅地研究的。

——摘自恩格斯《在马克思墓前的讲话》

B. 我不由停住了脚步。

从未见过开得这样盛的藤萝，只见一片辉煌的淡紫色，像一条瀑布，从空中垂下，不见其发端，也不见其终极，只是深深浅浅的紫，仿佛在流动，在欢笑，在不停地生长。紫色的大条幅上，泛着点点银光，就像迸（bèng）溅的水花。仔细看时，才知那是每一朵紫花中最浅淡的部分，在和阳光互相挑逗。

——摘自宗璞《紫藤萝瀑布》

重音是体现语句目的的重要手段。恰当的重音处理，能增强诵读的表现力，使作品的色彩更鲜明，形象更生动，语意更突出，内容更丰富。同样一句话，如果把不同的词或短语确定为重音，整个句子的含义也就会发生很大的变化。

看看下面的例子，注意体会重音处理的作用：

A. 我请你吃饭 （请你吃饭的不是别人）

B. 我请你吃饭 （怎么样，给个面子吧）

C. 我请你吃饭 （不请别人）

D. 我请你吃饭 （不是请你逛街）

重音分为语法重音和强调重音（逻辑重音、感情重音）。

1. 语法重音

在不表示什么特殊的感情色彩和特别强调意味的情况下，根据语法结构的特点，把句子的某些语法成分处理为重音，加以强调，就是语法重音。这类重音在朗读时不必过分强调，只要比其他音节读得稍微突出一些即可。

语法重音的位置比较固定，常见的规律是：

（1）一般短句子里的谓语部分。

如：

① 东风来了，春天的脚步进了。 ——《春》

② 燕子去了，有再来的时候…… ——《匆匆》

（2）动宾结构中的宾语。

如：

① 谈文学、谈哲学、谈人生道理。 ——《朋友和其他》

② 舒活舒活筋骨，抖擞抖擞精神。 ——《春》

（3）动词或形容词前的状语。

如：

① 会不会是他已经表达了而我却未能察觉？ ——《父亲的爱》

② 两个同龄的年轻人同时受雇于一家店铺，并且拿同样的薪水。 ——《差别》

（4）表情况、结果、程度的补语。

如：

① 请你把这件事说清楚。

② 他很快从失败中振作起来。

③ 树叶儿都绿得发亮，小草儿也青得逼你的眼。 ——《春》

（5）名词前的定语。

如：

① 那是力争上游的一种树…… ——《白杨礼赞》

② 这就是被誉为"世界民居奇葩"的客家人民居。

（6）疑问代词和指示代词。

如：

① 20世纪最糟糕的发明是什么？ ——《最糟糕的发明》

② "谁能把花生的好处说出来？" ——《落花生》

③ 这就是我——一个共产党员的自白。 ——《我的"自白"书》

④ 你到底要去哪儿呀？

⑤ 你胡说些什么呀！

（7）偏正复句中的关联词语，特别是转入正意的关联词语。

如：

① 虽然并不怎样和暖，可是为了水仙，素心腊梅，各色的茶花，仿佛就受一点儿寒冷，也颇值得去了。 ——《住的梦》

② 不管我的梦想能否成为事实，说出来总是好玩儿的： ——《住的梦》

③ 由此可见，影响一个人快乐的，有时并不是困境及磨难，而是一个人的心态。
——《态度创造快乐》

如果一句话里语法成分较多，重音也就不止一处，往往把定语、状语、补语等连带成分优先处理为重音。

2. 强调重音

强调重音是指为了表示某种特殊的感情和强调某种特殊意义，特意将文中某些字、词和短语处理为重音。运用强调重音，可突出语言的目的性，揭示语言的内涵，使朗读的色彩丰富，充满生气，有较强的感染力。

如：

（1）这就是白杨树，西北极普通的一种树，然而决不是平凡的树！

（2）难道你觉得树只是树…… ——《白杨礼赞》

（3）一个大问题一直困扰着我。

（4）别了，我爱的中国，我全心爱着的中国。 ——《可爱的中国》

（5）话音刚落，会场里响起了雷鸣般的掌声。

（6）中国军队的屠戮妇婴的伟绩，八国联军惩创学生的武功，不幸全被这几缕血痕抹杀了。 ——《记念刘和珍君》

（7）巡捕只说了一个字，贪。 ——《贪得一钱丢了官》

（8）对自己遗憾得要命，对丽娜美慕得要命。 ——《我不再美慕……》

　　强调重音并没有固定的规律，不受语法制约，它是根据语句所要表达的重点和朗读者的意愿决定的，是与朗诵者对作品的钻研程度、理解程度紧密相连。它在句子中的位置是不固定的，同一句话，由于表达目的的不同，强调重音就会落在不同的词语上。

　　读下面的句子，感受表达的目的的不同，重音位置的变化。

A.（趵突泉水）永远是那么晶<u>莹</u>，那么活泼。

B.（趵突泉水）永远是那么晶莹，那么<u>活</u>泼。

C.（趵突泉水）永远是那么<u>晶</u>莹，那么<u>活</u>泼。

D.（趵突泉水）永远是那么<u>晶莹</u>，那么活泼。

——《趵突泉》

　　注意：强调重音有时同语法重音是一致的，有时则不一致，当发生这种不一致时，后者必须服从前者。

3. 重音的表达方式

　　重音就是作品中需要重点突出的词、短语或句子，它的准确表达会让听者更加明确作品的含义。但"重音"并不等同于加大音量"重读"，诵读中，应根据作品内容表达的需要来灵活处理。常见的有以下几种读法：

　　（1）低中见高、加强音量。

　　用加大、加强音量的方法来突出重音，以增强语势。一般用于表达明朗的态度、观点和描述某些特定鲜明的事物。重读只是相对其他字音来说稍重一些，不能读得太重，否则，就会使表达显得生硬、不自然。

　　如：

①相传，古时候，天上有<u>十</u>个太阳……

②所以，我爱教书，还因为，在那些勃发生机的"<u>特别</u>"学生身上，我有时发现自己和他们呼吸相通，忧乐与共。　　　　　　　　　　　　——《我为什么当教师》

　　（2）快中显慢、拖长音节。

　　有意将重音音节拖长一些，使其突出。一般用于号召性、鼓动性的话语、呼告（呼口号、发口令），往往可以启发思考或表达深挚的情意。

　　如：

①我的心随潭水的绿而摇荡。那<u>醉</u>人的绿呀！　　　　　　　　　　　——《绿》

②我仰望一碧蓝天，心底轻声呼喊：家乡的桥哇，我<u>梦</u>中的桥！　　——《家乡的桥》

③太阳像负着什么<u>重</u>担似的，慢慢儿，一纵一纵地使劲向上升。　　——《海上日出》

（3）实中转虚、重音轻吐。

用降低音高、减轻音量的方法，用柔声、虚声，将重音低而有力地轻轻吐出。由这种方式来表现重音往往比简单地增加音高，加大音量效果更好。一般用于表达极为复杂、深沉、含蓄细腻的感情。

如：

①这时候，叶子与花也有了一丝的颤动，像闪电般，霎时传过荷塘的那边去了。

——《荷塘月色》

②我忍着笑，轻轻走过去。

③岸边的垂柳倒映在水中，上下都是绿的，幽静极了。　　　——《观潮》

④雨气空蒙而迷幻，细细嗅嗅，清清爽爽，有一点点薄荷的香味。

（4）连中带停、一字一顿。

运用控制音量的一字一顿方式，或者在需要强调的词后面用时间顿歇来突出重音，铿锵而有力，显示坚定、深切、沉重的心情。

如：

①她死了，在旧年的大年夜冻死了……　　　　　——《卖火柴的小女孩》

②更喜岷山千里雪，三军过后尽开颜。　　　　　——《七律·长征》

③我应该在烈火与热血中得到永生！　　　　　——《我的"自白书"》

④没有吃过人的孩子，或许还有？救救孩子……　　——《狂人日记》

一般来说，一句话中至少有一个重音。但一句话中所确立的重音不宜过多，重音越少，主题越突出；重音过多，就等于没有重点，表达的内容则不会清晰。

在实际诵读中，结构重音与强调重音往往并存，这时，结构重音要服从强调重音。

此外，重音与停顿常常是互相配合的，许多停顿前或停顿后的音节往往是重音，而有重音的地方往往需要停顿，这一点，需要在练习中逐步体会。

一试身手

练一练（注意重音）

请给下列语句标注重音符号，并用恰当的重音读法，反复诵读练习。

（1）我与父亲不相见已有二年余了，我最不能忘记的是他的背影。

（2）这是勇敢的海燕，在怒吼的大海上，在闪电中间，高傲地飞翔；这是胜利的预言家在叫喊：——让暴风雨来得更猛烈些吧！

（3）我爱热闹，也爱冷静，爱群居，也爱独处。

（4）盼望着，盼望着，东风来了，春天的脚步近了。

（5）奶奶出现在亮光里，是那么温和，那么慈爱。

（6）中国军队的屠戮妇婴的伟绩，八国联军惩创学生的武功，不幸全被这几缕血痕抹杀了。

普通话水平测试作品

一个大问题一直盘踞在我脑袋里：

世界杯怎么会有如此巨大的吸引力？除去足球本身的魅力之外，还有什么超乎其上而更伟大的东西？

近来观看世界杯，忽然从中得到了答案：是由于一种无上崇高的精神情感——国家荣誉感！

地球上的人都会有国家的概念，但未必时时都有国家的感情。往往人到异国，思念家乡，心怀故国，这国家概念就变得有血有肉，爱国之情来得非常具体。而现代社会，科技昌达，信息快捷，事事上网，世界真是太小太小，国家的界限似乎也不那么清晰了。再说足球正在快速世界化，平日里各国球员频繁转会，往来随意，致使越来越多的国家联赛都具有国际的因素。球员们不论国籍，只效力于自己的俱乐部，他们比赛时的激情中完全没有爱国主义的因子。

然而，到了世界杯大赛，天下大变。各国球员都回国效力，穿上与光荣的国旗同样色彩的服装。在每一场比赛前，还高唱国歌以宣誓对自己祖国的挚爱与忠诚。一种血缘情感开始在全身的血管里燃烧起来，而且立刻热血沸腾。

在历史时代，国家间经常发生对抗，好男儿戎装卫国。国家的荣誉往往需要以自己的生命去换取。但在和平时代，只有这种国家之间大规模对抗性的大赛，才可以唤起那种遥远而神圣的情感，那就是：为祖国而战！

——摘自冯骥才《国家荣誉感》

字音提示

脑袋（nǎodài）　　　　怎么（zěnme）　　　　超乎（chāohū）

忽然（hūrán）　　　　崇高（chónggāo）　　　精神（jīngshén）

情感（qínggǎn）　　　荣誉（róngyù）　　　　概念（gàiniàn）

似乎（sìhū）　　　　挚爱（zhìài）　　　　忠诚（zhōngchéng）

沸腾（fèiténg）　　　戎装（róngzhuāng）　　神圣（shénshèng）

（三）语速 [表达符号：快 ___ 、慢 ~~~~~]

语速指朗读语言速度的快慢，是语言节奏的主要标志，是有声语言表情达意的重要手段。

请试着用快慢两种不同的语速读下面的文段，并谈谈：这段文字应该用什么样的语速来朗读？为什么？

我的狗慢慢向它靠近，忽然，从附近的树上飞下一只黑胸脯的老麻雀，像一颗石子似的落到狗的跟前。老麻雀全身倒竖着羽毛，惊恐万状，发出绝望、凄惨的叫声，接着向露出牙齿、大张着的狗嘴扑去。

——《麻雀》

朗读时，恰当处理语速的快慢的节奏，能够生动形象地反映生活图景，烘托环境气氛，更好地反映作品内容的变化发展，增强语言的表达效果，产生较强的艺术感染力。

朗读中，可以从以下四个方面来处理、把握速度的快慢。

1. 环境气氛

一般来说，热烈、紧张的场面，恐怖、惊异、激动的心情，争辩、斥责的态度等，宜用快速；宁静、庄严的场面，平静、沉闷的氛围，凄凉、沉痛的心情，犹豫、宽慰的态度等，宜用慢速。朗读时的语速要与作品的情境相适应，要根据内容加以掌握。

如：

（1）在 // 苍茫的 // 大海上，风 // 聚集着乌云，在乌云 / 和大海之间，海燕 // 像黑色的闪电，高傲地飞翔。——写暴风雨来临之前的沉闷气氛，宜慢速朗读。

（2）雷声轰响，波浪在愤怒的飞沫中呼叫，跟狂风争鸣。看吧，狂风 // 紧紧地抱起一层层巨浪，恶狠狠地 // 把他们甩到悬崖上，把这些大块的翡翠 // 摔成尘雾 / 和碎末。——写暴风雨到来之前，海面上雷声轰鸣、风急浪高的紧张状况，宜快速朗读。

——《海燕》

2. 人物特点

一般来说，年轻人语速较快，老年人则语速较慢；聪明机警、思维敏捷、开朗活泼、性格豪放、作风泼辣或狡猾奸诈者语速稍快；而诚实憨厚、沉着镇定或迟钝笨拙、作风懒散的人语速稍慢。

如：

（1）海燕叫喊着，飞翔着，像黑色的闪电，箭一般地穿过乌云，翅膀 // 掠起波浪的飞沫。——写海燕与暴风雨勇敢地搏斗，激情奔放，宜快速朗读。

（2)蠢笨的企鹅，胆怯地 // 把肥胖的身体 // 躲藏在悬崖底下……——写企鹅的笨拙、胆怯，宜慢速朗读。

——《海燕》

3. 人物心情

心情愉快欢畅或紧张焦急时语速较快，心情沉重悲哀或者表缅怀心情的语速较慢。

如：

（1）"好啦，谢天谢地！"我高兴地说，"马上就到过夜的地方啦！"——写漆黑的夜晚在河上泛舟，突然看见前面一星火光一闪，以为快到目的地时的欣喜心情，宜快速朗读。

——《火光》

（2）读小学的时候，我的外祖母 // 去世了。外祖母生前 // 最疼爱我，我无法排除自己的忧伤，每天在学校的操场上一圈儿又一圈儿地 // 跑着，跑得累倒在地上，扑在草坪上 // 痛哭。——写疼爱自己的外祖母去世后，自己悲伤沉重的心情，宜慢速朗读。

——《和时间赛跑》

4. 作品体裁

不同体裁的作品，朗读的语速也是不一样的。诗歌的朗读一般比散文朗读的速度慢。而同是诗歌，旧体诗一般比新体诗慢；同是散文，论说文应比一般散文慢；同是论说文，理论性较强的专论要比一般论文慢；同是记叙文，记事类要读得快些，记言类则要读得慢些。

读下面几个例句，体会一下语速快慢的不同：

（1）离离 // 原上草，一岁 // 一枯荣。野火 // 烧不尽，春风 // 吹 / 又 / 生。

——选自《草》

（2）作为一名建筑师，莱伊恩 // 并不是最出色的。但 // 作为一个人，他无疑 // 非常伟大，这种伟大 // 表现在他始终恪守着自己的原则，给高贵的心灵 // 一个美丽的住所，哪怕是遭遇到最大的阻力，也要想办法 // 抵达胜利。

——《坚守你的高贵》

167

（3）"请耐心等上几分钟，"卡廷说，"瞧，我正在削一支柳笛，差不多就要做好了，完工后 // 就送给你吧！"

卡廷边削 // 边不时把尚未成形的柳笛放在嘴里 // 试吹一下。没过多久，一支柳笛 // 便递到我手中。我俩在一阵阵清脆悦耳的笛音中，踏上了 // 归途……

——《迷途笛音》

需要注意的是：

①在一个作品中，诵读语速的快慢并非一成不变的，应根据作品的内容和情感的起伏变化而灵活地加以调整。

②语速快时，要特别注意吐字的清晰，不能含混不清，甚至"吃字"；语速慢时，要特别注意声音的明朗实在，不能显得拖沓、松垮。

读下列语句，注意语速快慢。

（1）"快点，快点！我要去问问他怎么回事！"

（2）"啪！啪！"响亮的鞭声打破了黎明的宁静。铺满新绿的草原醒来了。

（3）我们中华民族有悠久的历史和优秀的文化传统，有丰富的文化遗产。中国文化是世界上最古老的文化之一。

（4）开始泼水了，大家互相追赶，你拿瓢往我衣领里灌，我端盆向你身上泼。

（5）"咱们先干嘛！"将军一按小李的肩膀站起来，随手拉起小李，提高了声音喊道："同志们，走哇！"说完，他一躬腰走出草棚，钻到暴风雨里去了。

（6）梅雨潭闪闪的绿色招引着我们，我们开始追捉她那离合的神光了。

普通话水平测试作品

生活对于任何人都非易事，我们必须有坚韧不拔的精神。最要紧的，还是我们自己要有信心。我们必须相信，我们对每一件事情都具有天赋的才能，并且，无论付出任何代价，都要把这件事完成。当事情结束的时候，你要能问心无愧地说："我已经尽我所能了。"

有一年的春天，我因病被迫在家里休息数周。我注视着我的女儿们所养的蚕正在结茧，这使我很感兴趣。望着这些蚕执著地、勤奋地工作，我感到我和它们非常相似。像它们一样，我总是耐心地把自己的努力集中在一个目标上。我之所以如此，或许是因为有某种力量在鞭策着我——正如蚕被鞭策着去结茧一般。

近五十年来，我致力于科学研究，而研究，就是对真理的探讨。我有许多美好快乐的记忆。少女时期我在巴黎大学，孤独地过着求学的岁月；在后来献身科学的整个时期，我丈夫和我专心致志，像在梦幻中一般，坐在简陋的书房里艰辛地研究，后来我们就在那里发现了镭。

我永远追求安静的工作和简单的家庭生活。为了实现这个理想，我竭力保持宁静的环境，以免受人事的干扰和盛名的拖累。

我深信，在科学方面，我们有对事业而不是对财富的兴趣。我的唯一奢望是在一个自由国家中，以一个自由学者的身份从事研究工作。

我一直沉醉于世界的优美之中，我所热爱的科学也不断增加它崭新的远景。我认定科学本身就具有伟大的美。

——摘自（波兰）玛丽·居里《我的信念》，剑捷译

字音提示

坚韧不拔（jiānrènbùbá）	无论（wúlùn）	尽我所能（jìnwǒsuǒnéng）
执着（zhízhuó）	努力（nǔlì）	或许（huòxǔ） 摘鞭策（biāncè）
专心致志（zhuānxīnzhìzhì）	梦幻（mènghuàn）	镭（léi） 宁静（níngjìng）
盛名（shèngmíng）	奢望（shēwàng）	增加（zēngjiā）

读一读

普通话水平测试作品

我爱月夜，但我也爱星天。从前在家乡七八月的夜晚，在庭院里纳凉的时候，我最爱看天上密密麻麻的繁星。望着星天，我就会忘记一切，仿佛回到了母亲的怀里似的。

三年前在南京我住的地方有一道后门，每晚我打开后门，便看见一个静寂的夜。下面是一片菜园，上面是星群密布的蓝天。星光在我们的肉眼里虽然微小，然而它使我们觉得光明无处不在。那时候我正在读一些天文学的书，也认得一些星星，好像它们就是我的朋友，它们常常在和我谈话一样。

如今在海上，每晚和繁星相对，我把它们认得很熟了。我躺在舱面上，仰望天空。深蓝色的天空里悬着无数半明半昧的星。船在动，星也在动，它们是这样低，真是摇摇欲坠呢！渐渐地我的眼睛模糊了，我好像看见无数萤火虫在我的周围飞舞。海上的夜是柔和的，是静寂的，是梦幻的。我望着许多认识的星，我仿佛看见它们在对我眨眼，我仿佛听见它们在小声说话。这时我忘记了一切。在星的怀抱中我微笑着，我沉睡着。我觉得自己是一个小孩子，现在睡在母亲的怀里了。

有一夜，那个在哥伦波上船的英国人指给我看天上的巨人。他用手指着：那四颗明亮的星是头，下面的几颗是身子，这几颗是手，那几颗是腿和脚，还有三颗星算是腰带。经他这一番指点，我果然看清楚了那个天上的巨人。看，那个巨人还在跑呢！

——摘自巴金《繁星》

字音提示

纳凉（nàliáng）　　　繁星（fánxīng）　　　南京（nánjīng）　　　悬（xuán）
半明半昧（bànmíngbànmèi）　　　欲坠（yùzhuì）　　　模糊（móhu）
萤火虫（yínghuǒchóng）　　　飞舞（fēiwǔ）　　　眨眼（zhǎyǎn）

（四）语调

语调是指诵读中随着语气和说话人的感情变化，语句声音的高低升降变化。语调是有声语言所特有的、贯穿整个句子并与句子的语气紧密结合的。任何句子都带有一定的语调。

如：

A. 谁是班长？——我。　　　　　　　　　　　（语调平稳，句尾稍抑　陈述）

B. 你的电话！——我？　　　　　　　　　　　（语调渐升，句尾稍扬　疑问）

C. 谁负得了这个责任？——我！　　　　　　（语调降得既快又低　肯定、自信）

D. 你来当班长！——我？！　　　　　　　　（语调曲折　惊异、疑惑）

说话或诵读时，恰当地处理语调的升降变化，借助语调的抑扬顿挫，能细腻地表达丰富的情感。有声语言才有了动人的音乐之美。

语调是细致而复杂的，大致有以下四种：

1. 平调〔表达符号：→〕

诵读时调子始终平直舒缓，没有显著的高低升降的变化。常用于叙述、说明及表示严肃、庄重、悲痛、冷漠、沉思、悼念等思想感情的句子。

如：

（1）我们知道，水是生物的重要组成部分，许多动物组织的含水量在百分之八十以上，而一些海洋生物的含水量高达百分之九十五。

——（说明）《海洋与生命》

（2）3月24日下午两点三刻，当代最伟大的思想家停止思想了。

——（叙述）（悲痛、悼念）《在马克思墓前的讲话》

2. 升调〔表达符号：↗〕

诵读时语调由平逐渐升高，前低后高，句尾语势上扬。一般用于疑问句、反诘句、短促的命令句或表示愤怒、紧张、警告、号召，惊讶、兴奋、激励等语气的句子。

如：

（1）王母池旁的吕祖殿里有不少尊明塑，塑着吕洞宾等一些人，姿态神情是那样有生气，你看了，不禁会脱口赞叹说："活啦。"　　　　——《泰山极顶》

（2）这又怪又丑的石头，原来是天上的啊！　　　　——《丑石》

（3）不，不准去。

（4）……这是胜利的预言家在叫喊：

——让暴风雨来得更猛烈些吧！　　　　——《海燕》

3. 降调〔表达符号：↘〕

与升调刚好相反，语调逐渐由高降低，句末语势渐降。一般用在感叹句、祈使句或表示坚定、自信、祝福、赞扬、请求等感情的句子，表达沉痛、悲伤的感情，一般也用这种语调。一般是半降调，加重语气时则要用全降调。

如：

（1）我仰望一碧蓝天，心底轻声呼喊：家乡的桥哇，我梦中的桥！——《家乡的桥》

（2）它是树中的伟丈夫！　　　　——《白杨礼赞》

（3）想着想着，我不由得背靠着一棵树，伤心地呜呜大哭起来……——《迷途笛音》

（4）明天请早一点儿回家——我想和您一起吃晚餐。　　——《二十美金的价值》

（5）然后他呆在那儿，头靠着墙壁，话也不说，只向我们做了一个手势："散学了，你们走吧。"

——《最后一课》

4. 曲调〔表达符号： ∨∨〕

语调由高而低后又高，把句子中某些特殊的音节特别加重加高或拖长，形成一种抑扬升降的曲折变化语势。一般用于表示讽刺、夸张、怀疑，反语、双关、幽默等特殊语气或某些复杂的感情。它不像其他句调多表现在句末，而是根据需要出现在句子的不同位置。

如：

（1）哟，这一打扮，可真是够俏的呀！

（2）你，就是经理？

（3）当然，能够只是送出去，也不算坏事情，一者见得丰富，二者见得大度。

——《拿来主义》

（4）"哈！这模样了！胡子这么长了！"一种尖利的怪声突然大叫起来。

——《故乡》

语调是为表达情感服务的，在具体运用哪一种语调时，应深刻理解语意后，再做选择。同样一句话，采用不同的语调可以表现出不同的语气，语调不同，语意也就不同。

如：

┌─ 他可真是能干呀！　　　　　∨∨〔讽刺〕
└─ 他可真是能干呀！　　　　　↘〔肯定、赞扬〕
┌─ 为什么你不去呢？　　　　　↘〔恳求　语意：我希望你去〕
└─ 为什么你不去呢？　　　　　↗〔反诘　语意：你不愿去，为什么叫我去〕

几点说明：

（1）诵读中的语调是丰富多彩的较为复杂的问题，不能把这里的语调类型与书面语中的陈述句、祈使句、疑问句、感叹句等句子类型等同起来。

（2）诵读中的语调始终是同重音、停顿、语速等联系在一起、密不可分的，是表情达意的重要因素。

练一练（注意语调）

请给下列句子标注上相应的语调符号，反复诵读练习。

（1）但热闹是他们的，我什么也没有。

（2）当然，能够只是送出去，也不算坏事情，一者见得丰富，二者见得大度。

（3）你难道在那里一无所见吗？难道连蝴蝶也没有一只吗？

（4）爷爷满面红光，望着奶奶说："夕阳真美呀！"

（5）莫高窟的彩塑，每一尊都是一件精美的艺术品。

（6）狐狸说："亲爱的乌鸦，您的羽毛真漂亮，麻雀比起您来，就差远了……"

读一读

普通话水平测试作品

我打猎归来，沿着花园的林阴路走着，狗跑在我的前面。

突然，狗放慢脚步，蹑足潜行，好像嗅到了前边有什么野物。

我顺着林阴路望去，看见有一只嘴边还带着黄色、头上生着柔毛的小麻雀。风猛烈地吹打着林阴路上的白桦树，麻雀从巢里跌落下来，呆呆地伏在地上，孤立无援地张开两只羽毛还未丰满的小翅膀。

我的狗慢慢向它靠近。忽然，从附近的树上飞下一只黑胸脯的老麻雀，像一颗石子似的落到狗的跟前。老麻雀全身倒竖着羽毛，惊恐万状，发出绝望、凄惨的叫声，接着向露出牙齿、大张着的狗嘴扑去。

老麻雀是猛扑下来救护幼雀的。它用身体掩护着自己的幼儿……但它整个小小的身体因恐怖而战栗着，它小小的声音也变得粗暴嘶哑，它在牺牲自己！

在它看来，这狗该是多么庞大的怪物啊！然而它还是不能站在自己高高的、安全的树枝上……一种比它的理智更强烈的力量，使它从那儿扑下身来。

我的狗站住了，向后退了退……看来，它也感到了这种力量。

我赶紧唤住惊惶失措的狗，然后我怀着崇敬的心情，走开了。

是啊，请不要见笑。我崇敬那只小小的、英勇的鸟儿，我崇敬它那种爱的冲动和力量。

爱，我想，比死和死的恐惧更强大。只有依靠它，依靠这种爱，生命才能维持下去，发展下去。

——摘自（俄）屠格涅夫《麻雀》，巴金译

🎧 字音提示

沿（yán）　　蹑（niè）　　潜（qián）　　巢（cháo）　　跌落（diēluò）

孤立无援（gūlìwúyuán）　　丰满（fēngmǎn）　　掩护（yǎnhù）

战栗（zhànlì）　　惊惶失措（jīnghuángshīcuò）　　维持（wéichí）

停连、重音、语速、语调，这四者是构成朗读技巧的主要因素。而在朗读过程中，这些技巧并不是各自独立的，而是互相联系、综合发挥作用的一个有机整体。

而在朗读中，在作品基调的统一调控下，这几种技巧的综合作用，又共同体现在作品朗读的节奏和语气中。因而，要使我们的朗读获得成功，我们还要了解以下两种表达技巧。

* 变换节奏的技巧：

节奏是指朗读过程中根据作品感情表达的需要，由声音抑扬顿挫、轻重缓急而形成的回环往复的语音变化形式。

节奏与速度有密切的联系，但又不是等同的。节奏就像乐曲中的主旋律，它的运用是就整篇作品而言，它必须受到朗读目的、作品主题、感情基调的制约。

鲜明的、有规律的节奏变化，会形成有声语言的乐章，使朗读能真实反映作品感情的波动，产生音乐般的韵律美。并且不同的节奏也会表现出作品不同的思想感情，使听者产生不同的感受。

朗读的节奏大致分为四种类型：

（1）轻快型

语速较快，声音轻柔，多轻少重，语势多扬少抑，词语密度大，时有跳越感，常常表达喜悦欣慰心情或诙谐的情致。

如：

普通话水平测试作品

不管我的梦想能否成为事实，说出来总是好玩儿的：

春天，我将要住在杭州。二十年前，旧历的二月初，在西湖上我看见了嫩柳与菜花，碧浪与翠竹。由我看到的那点儿春光，已经可以断定，杭州的春天必定会叫人整天生活在诗与图画之中。所以，春天我的家应当是在杭州。

夏天，我想青城山应当算作最理想的地方。在那里，我虽然只住过十天，可是它的幽静已拴住了我的心灵。在我所看见过的山水中，只有这里没有使我失望。到处都是绿，目之所及，那片淡而光润的绿色都在轻轻地颤动，仿佛要流入空中与心中似的。这个绿色会像音乐，涤清了心中的万虑。

秋天一定要住北平。天堂是什么样子，我不知道，但是从我的生活经验去判断，北平之秋便是天堂。论天气，不冷不热。论吃的，苹果、梨、柿子、枣儿、葡萄，每样都有若干种。论花草，菊花种类之多，花式之奇，可以甲天下。西山有红叶可见，北海可以划船——虽然荷花已残，荷叶可还有一片清香。衣食住行，在北平的秋天，是没有一项不使人满意的。

冬天，我还没有打好主意，成都或者相当的合适，虽然并不怎样和暖，可是为了水仙，素心腊梅，各色的茶花，仿佛就受一点儿寒冷，也颇值得去了。昆明的花也多，而且天气比成都好，可是旧书铺与精美而便宜的小吃远不及成都的那么多。好吧，就暂这么规定：冬天不住成都便住昆明吧。

在抗战中，我没能发国难财。我想，抗战结束以后，我必能阔起来。那时候，假若飞机减价，一二百元就能买一架的话，我就自备一架，择黄道吉日慢慢地飞行。

——摘自老舍《住的梦》

🎧 字音提示

好玩儿（hǎowánr）	幽静（yōujìng）	拴住（shuānzhù）
心灵（xīnlíng）	颤动（chàndòng）	仿佛（fǎngfú）
涤（dí）	经验（jīngyàn）	枣儿（zǎor）
葡萄（pútao）	合适（héshì）	颇（pō）　值得（zhíde）

（2）沉稳型

语速较慢，音强有力，多重少轻，语势沉缓，多抑少扬，词语密度疏，常用来表现庄重，肃穆的气氛或悲痛、抑郁的情感。

如：

朋友！中国是生育我们的母亲。你们觉得这位母亲可爱吗？我想你们是和我一样的见解，我觉得这位母亲是蛮可爱蛮可爱的。以言气候，中国处于温带，不十分热，也不十分冷，好像我们母亲的体温，不高不低，最适宜于孩儿们的依偎。以言国土，中国土地广大，纵横万数千里，好象我们的母亲是一个身体魁大，胸宽体阔的妇人，不像日本姑娘那样苗条瘦小。中国许多有名的崇山大岭，长江巨河，以及大小湖泊，岂不象征着我们的母亲丰满坚实的肥肤上肉纹和肉窝？中国土地的生产力是无限的；地底蕴藏着未开发的宝藏也是无限的；废置而未曾利用起来的天然力，更是无限的；这又岂不象征着我们的母亲，保有着无穷的乳汁，无穷的力量，以养育她四万万的孩儿？我想世界上再没有比她养得更多的孩子的母亲吧。

……

——摘自方志敏《可爱的中国》

（3）舒缓型

语速较缓，声音轻松、明朗，语势较舒展、平稳，常用来描绘幽静的场面和美丽的景色或表达舒展的情怀。

如：

普通话水平测试作品

我们的船渐渐地逼近榕树了。我有机会看清它的真面目：是一棵大树，有数不清的丫枝，枝上又生根，有许多根一直垂到地上，伸进泥土里，一部分树枝垂到水面，从远处看，就像一棵大树斜躺在水面上一样。

现在正是枝繁叶茂的时节。这棵榕树好像在把它的全部生命力展示给我们看。那么多的绿叶，一簇堆在另一簇的上面，不留一点缝隙。翠绿的颜色明亮地在我们的眼前闪耀，似乎每一片树叶上都有一个新的生命在颤动，这美丽的南国的树！

船在树下泊了片刻，岸上很湿，我们没有上去。朋友说这里是"鸟的天堂"，有许多鸟在这棵树上做窝，农民不许人去捉它们。我仿佛听见几只鸟扑翅的声音，但是等到我的眼睛注意地看那里时，我却看不见一只鸟的影子。只有无数的树根立在地上，像许多根木桩。地是湿的，大概涨潮时河水常常冲上岸去。"鸟的天堂"里没有一只鸟，我这样想到。船开了，一个朋友拨着船，缓缓地流到河中间去。

第二天，我们划着船到一个朋友的家乡去，就是那个有山有塔的地方。从学校出发，我们又经过那"鸟的天堂"。

这一次是在早晨，阳光照在水面上，也照在树梢上。一切都显得非常光明。我们的船也在树下泊了片刻。

起初四周围非常清静。后来忽然起了一声鸟叫。我们把手一拍，便看见一只大鸟飞了起来，接着又看见第二只，第三只。我们继续拍掌，很快地这个树林就变得很热闹了。到处都是鸟声，到处都是鸟影。大的，小的，花的，黑的，有的站在枝上叫，有的飞起来，在扑翅膀。

——摘自巴金《鸟的天堂》

字音提示

榕树（róngshù）	枝繁叶茂（zhīfányèmào）	展示（zhǎnshì）
桩（zhuāng）	簇（cù）	缝隙（fèngxì）	闪耀（shǎnyào）
泊（bó）	大概（dàgài）	涨潮（zhǎngcháo）	树梢（shùshāo）

（4）强疾型

语速较快，有声有力、明亮高昂，多重少轻，语势多扬少抑，词语密度大，常用来表现紧张的情形、焦急的心情和激越振奋的情怀。

如：

普通话水平测试作品

那是力争上游的一种树，笔直的干，笔直的枝。它的干呢，通常是丈把高，像是加以人工似的，一丈以内，绝无旁枝；它所有的桠枝呢，一律向上，而且紧紧靠拢，也像是加以人工似的，成为一束，绝无横斜逸出；它的宽大的叶子也是片片向上，几乎没有斜生的，更不用说倒垂了；它的皮，光滑而有银色的晕圈，微微泛出淡青色。这是虽在北方的风雪的压迫下却保持着倔强挺立的一种树！哪怕只有碗来粗细罢，它却努力向上发展，高到丈许，二丈，参天耸立，不折不挠，对抗着西北风。

这就是白杨树，西北极普通的一种树，然而决不是平凡的树！

它没有婆娑的姿态，没有屈曲盘旋的虬枝，也许你要说它不美丽，——如果美是专指"婆娑"或"横斜逸出"之类而言，那么白杨树算不得树中的好女子；但是它却是伟岸，正直，朴质，严肃，也不缺乏温和，更不用提它的坚强不屈与挺拔，它是树中的伟丈夫！当你在积雪初融的高原上走过，看见平坦的大地上傲然挺立这么一株或一排白杨树，难道你觉得树只是树，难道你就不想到它的朴质，严肃，坚强不屈，至少也象征了北方的农民；难道你竟一点也不联想到，在敌后的广大土地上，到处有坚强不屈，就像这白杨树一样傲然挺立的守卫他们家乡的哨兵！难道你又不更远一点想到这样枝枝叶叶靠紧团结，力求上进的白杨树，宛然象征了今天在华北平原纵横决荡用血写出新中国历史的那种精神和意志。

——摘自茅盾《白杨礼赞》

字音提示

力争上游（lìzhēngshàngyóu）		横斜逸出（héngxiéyìchū）
倒垂（dǎchuí）	晕圈（yūnquān）	倔强挺立（juèjiàngtǐnglì）
耸立（sǒnglì）	不折不挠（bùzhébùnáo）	婆娑（pósuō）
虬枝（qiúzhī）	正直（zhèngzhí）	严肃（yánsù）
挺拔（tǐngbá）	初融（chūróng）	平坦（píngtǎn）
象征（xiàngzhēng）	哨兵（shàobīng）	纵横决荡（zònghéngjuédàng）

以上四种节奏类型，只是大体的分类，每一种还可以再分小类，不再一一列举。在实际的朗读过程中，一篇作品的节奏不一定是单一的，往往随着内容情节的变化，节奏也会相应发生改变。而且各种类型节奏的特点，在重点句、段体现得更为明显。因此在朗读过程中，节奏必须因文而异，切忌死板单一、一统到底。

节奏转化的方法是：

① 欲扬先抑，欲抑先扬

② 欲快先慢，欲慢先快

③ 欲重先轻，欲轻先重

如：

普通话水平测试作品

音频资料

读小学的时候，我的外祖母去世了。外祖母生前最疼爱我，我无法排除自己的忧伤，每天在学校的操场上一圈儿又一圈儿地跑着，跑到累倒在地上，扑在草坪上痛哭。

那哀痛的日子，断断续续地持续了很久，爸爸妈妈也不知道如何安慰我。他们知道与其骗我说外祖母睡着了，还不如对我说实话：外祖母永远不会回来了。

"什么是永远不会回来呢？"我问着。

"所有时间里的事物，都永远不会回来了。你的昨天过去，它就永远变成昨天，你不能再回到昨天。爸爸以前也和你一样小，现在也不能回到你这么小的童年了；有一天你会长大，你会像外祖母一样老；有一天你度过了你的时间，就永远不会回来了。"爸爸说。

爸爸等于给我一个谜语，这谜语比课本上的"日历挂在墙壁，一天撕去一页，使我心里着急"和"一寸光阴一寸金，寸金难买寸光阴"还让我感到可怕；也比作文本上的"光阴似箭，日月如梭"更让我觉得有一种说不出的滋味。

时间过得那么飞快，使我的小心眼里不只是着急，而是悲伤。有一天我放学回家，看到太阳快落山了，就下决心说："我要比太阳更快地回家。"我狂奔回去，站在庭院前喘气的时候，看到太阳还露着半边脸，我高兴地跳跃起来，那一天我跑赢了太阳。以后我就时常做那样的游戏，有时和太阳赛跑，有时和西北风比快，有时一个暑假才能做完的作业，我十天就做完了；那时我三年级，常常把哥哥五年级的作业拿来做。每一次比赛胜过时间，我就快乐得不知道怎么形容。

如果将来我有什么要教给我的孩子，我会告诉他：假若你一直和时间比赛，你就可以成功！

——摘自林清玄《和时间赛跑》

🎧 字音提示

排除（páichú）　　操场（cāochǎng）　　一圈儿（yīquānr）　　持续（chíxù）
事物（shìwù）　　喘气（chuǎnqì）　　跳跃（tiàoyuè）　　知道（zhīdao）
成功（chénggōng）

朗读提示：

前半部分表现失去祖母的悲痛，叙述爸爸对自己说的"实话"，应以沉稳型为主逐步转入舒缓型；后半部分先写爸爸的"实话"引出的思考，应以沉稳型为主；结尾处写自己与时间赛跑的快乐和成功的信心，则应转为轻快型。

* 选择语气的技巧

语气是指在思想感情支配下，词句篇章的外在声音形式，即由语音的高低、快慢、升降、强弱、虚实等形式所表现出来的特定的内在意蕴与感情色彩。

朗读过程中，善用语气，可以将句式、语调、个性、情感等融为一体，用一连串声音符号的细微变化，传神地表达作品的思想感情；可以使朗读达到情动于衷、意流于外，音随意转，气随情动、气意结合、声情并茂的效果。恰当的语气，甚至能够将作品中某些只可意会而难以言传的内涵表现出来。

语气是多种多样、丰富多彩的，它总是因人、因事、因时、因地不同，而变化多端。在朗诵过程中，常常会出现几种语气交替出现或结伴而行的现象，但在多种语气综合运用的过程中，应有主次之分。作品主要的感情色彩就决定朗读的主要语气色彩，即语气的基调。朗读要在把握作品基调的基础上，根据内容、感情、对象等的变化，适时地调整自己的语气，使之能更加恰如其分地表情达意。

语气的变化主要靠调整音量和气息来表现。

张颂先生曾十分简明地用四字短语勾勒了各自不同的语气色彩：

爱的感情，"气徐声柔"；憎的感情，"气足生硬"；急的感情，"气短声促"；喜的感情，"气满声高"；怒的感情，"气粗声重"；悲的感情，"气沉声缓"；惧的感情，"气提声凝"；疑的感情"气细声黏"；冷的感情，"气少声平"；欲的感情，"气多声放"……这些都需要在反复的朗读训练中不断地学习、体验，才能逐步把握。

请试用括号里的语气提示读下面句子，感受一下句子内涵的变化。

他怎么来了？（柔而扬）　　　　询问

他怎么来了？（刚而抑）　　　　责问

他怎么来了？（柔而抑）　　　　疑问

他怎么来了？（刚而扬）　　　　反问

读一读

1. 哎呀，这下子可好了。

2. 日本鬼子真是坏透了。

3. 东临碣石，以观沧海。水何澹澹，山岛竦峙。树木丛生，百草丰茂。秋风萧瑟，洪波涌起。日月之行，若出其中。星汉灿烂，若出其里。幸甚至哉，歌以咏志。

——曹操《观沧海》

4. 在逃去如飞的日子里，在千门万户的世界里的我能做些什么呢？只有徘徊罢了，只有匆匆罢了；在八千多日的匆匆里，除徘徊外，又剩些什么呢？过去的日子如轻烟，被微风吹散了，如薄雾，被初阳蒸融了；我留着些什么痕迹呢？我何曾留着像游丝样的痕迹呢？我赤裸裸来到这世界，转眼间也将赤裸裸的回去罢？但不能平的，为什么偏要白白走这一遭啊？

——朱自清《匆匆》

总之，在朗读中，恰当的语气，能增强语言的魅力，使朗读更具形象色彩、感情色彩、语体色彩、风格色彩。才能准确表达思想感情，调动听众的情绪，引起听众的共鸣。

朗读中，各种技巧都是互相联系、互相影响的。语气往往要通过停连、重音、节奏的综合运用来体现；而节奏也要借助于停连、重音的技巧，并通过准确体会作品内在语气的变化才能更好的把握。在朗读过程中，只有根据思想感情表达的需要，综合运用，灵活把握，才能取得好的效果。

读一读

普通话水平测试作品

生命在海洋里诞生绝不是偶然的，海洋的物理和化学性质，使它成为孕育原始生命的摇篮。

我们知道，水是生物的重要组成部分，许多动物组织的含水量在百分之八十以上，而一些海洋生物的含水量高达百分之九十五。水是新陈代谢的重要媒介，没有它，体内的一系列生理和生物化学反应就无法进行，生命也就停止。因此，在长时期内动物缺水要比缺少食物更加危险。水对今天的生命是如此重要，它对脆弱的原始生命，更是举足轻重了。生命在海洋里诞生，就不会有缺水之忧。

水是一种良好的溶剂。海洋中含有许多生命所必需的无机盐，如氯化钠、氯化钾、碳酸盐、磷酸盐，还有溶解氧，原始生命可以毫不费力地从中吸取它所需要的元素。

水具有很高的热容量，加之海洋浩大，任凭夏季烈日曝晒，冬季寒风扫荡，它的温度变化却比较小。因此，巨大的海洋就像是天然的"温箱"，是孕育原始生命的温床。

阳光虽然为生命所必需，但是阳光中的紫外线却有扼杀原始生命的危险。水能有效地吸收紫外线，因而又为原始生命提供了天然的"屏障"。

这一切都是原始生命得以产生和发展的必要条件。

——摘自童裳亮《海洋与生命》

🎧 字音提示

生命（shēngmìng）　　诞生（dànshēng）　　孕育（yùnyù）

原始（yuánshǐ）　　　媒介（méijiè）　　　反应（fǎnyìng）

停止（tíngzhǐ）　　　脆弱（cuìruò）　　　举足轻重（jǔzúqīngzhòng）

溶剂（róngjì）　　　　扼杀（èshā）　　　屏障（píngzhàng）

发展（fāzhǎn）

📖 读一读

普通话水平测试作品

　　城市的冬天常有大风雪，扑面的雪花不但令人难以睁开眼睛，甚至呼吸都会吸入冰冷的雪花。有时前一天晚上还是一片晴朗，第二天拉开窗帘，却已经积雪盈尺，连门都推不开了。

　　遇到这样的情况，公司、商店常会停止上班，学校也通过广播，宣布停课。但令人不解的是，唯有公立小学，仍然开放。只见黄色的校车，艰难地在路边接孩子，老师则一大早就口中喷着热气，铲去车子前后的积雪，小心翼翼地开车去学校。

　　据统计，十年来城市的公立小学只因为超级暴风雪停过七次课。这是多么令人惊讶的事。犯得着在大人都无须上班的时候让孩子去学校吗？小学的老师也太倒霉了吧？

　　于是，每逢大雪而小学不停课时，都有家长打电话去骂。妙的是，每个打电话的人，反应全一样——先是怒气冲冲地骂，然后满口道歉，最后笑容满面地挂上电话。原因是，学校告诉家长：

　　在城市中有许多百万富翁，但也有不少贫困的家庭。后者白天开不起暖气，供不起午餐，孩子的营养全靠学校里免费的中饭，甚至可以多拿些回家当晚餐。学校停课一天，穷孩子就受一天冻，挨一天饿，所以老师们宁愿自己苦一点儿，也不能停课。

　　或许有家长会说：何不让富裕的孩子在家里，让贫穷的孩子去学校享受暖气和营养午餐呢？

　　学校的答复是：我们不愿让那些穷苦的孩子感到他们是在接受救济，因为施舍的最高原则是保持受施者的尊严。

——摘自刘墉《课不能停》

纽约（niǔyuē）　　睁（zhēng）　　　　甚至（shènzhì）　　呼吸（hūxī）

晴朗（qínglǎng）　窗帘（chuānglián）　盈（yíng）　　　　停止（tíngzhǐ）

令人不解（lìngrénbùjiě）　　　　　　喷（pēn）　　　　　铲（chǎn）

惊讶（jīngyà）　　倒霉（dǎoméi）　　怒气冲冲（nùqìchōngchōng）

百万富翁（bǎiwànfùwēng）　　　　　午餐（wǔcān）　　营养（yíngyǎng）

宁愿（nìngyuà）　　或许（huòxǔ）　　施舍（shīshě）　　尊严（zūnyán）

* 第三节

诵读的辅助技巧

问题思考

1. 怎么给你的声音化妆？声音化妆的作用是什么？
2. 你知道什么是态势语吗？态势语在诵读活动中有何作用？

　　诵读活动中，除了需要运用前面所学基本技巧外，还常常需要借助一些辅助手段来提高其艺术感染力。下面，我们就简单地介绍一些声音化妆及态势语运用等基本的诵读辅助技巧。

（一）声音化妆

声音化妆，就是让自己声音色彩产生变化，以突出作品语言丰富的个性特征。主要有以下几种：

特殊音色（表达符号：– · – · – · – · – ）

（1）模拟：就是用语音描摹每种声音或各种人物的语音，使诵读更加鲜活、动人，富有情趣。

如：

嘀嗒、嘀嗒下雨啦……——模拟雨点落下的声音，表现童趣、童心。

模拟多用于作品中的象声词的表达，但并不是所有声响都必须要拟声。

在作品中没有象声词的地方，为了增强语言的表达效果，也可以运用模拟的方法。

如：

我们对着高山喊：

周 总 理 ——

山谷回音：

他刚离去，他刚离去，

– · – · – · – · – ·

……

——摘自柯岩《周总理，你在哪里》

——逼真、形象地模拟回声，表现对总理深情的怀念之情。显示了生动、形象的感人力量。

注意：模拟虽有很多优点，但绝不能滥用，只有符合作品表达的需要，适度而贴切地进行模拟，才能真正丰富语言的内涵，提高表达的力量。

（2）颤音：是指诵读时，是为增加声音的表现力，用带有轻微震颤的、不连贯的声音表达某些特殊内容，以表达极度悲愤、慌张、害怕、激动等情绪或表现年老、身体虚弱等状态。

如：

海鸥在暴风雨来临之前呻吟着，——呻吟着，他们在大海上飞窜，想把自己对暴风雨的恐惧，掩藏到大海深处。

——摘自高尔基《海燕》

（3）泣声：也叫泣诉，是在语音里带上哭腔，多表示悲伤、痛苦、难受的心情或害怕的情绪。泣声往往与颤音相结合起来使用。

如：

"……小比利，我可怜的弟弟！我死了你怎么办呢？谁来照顾你呢？"

——《小珊迪》

（4）笑语：发音时声音带有笑的色彩，一般用于表达愉悦的心情或表示兴奋、欢快的情态。

如：

春天来了，春天为大地送来温暖，万物把春天精心装点。春天还我们艺术青春，我们的青春放歌云端。

（5）拖腔：是指有意把声音拖长，以表现微弱、断续或惊呼等语音效果，用于表达激愤的情绪或表示回忆、迟疑支吾、体虚气弱等状态。

如：

①可怜的珊迪躺在一张破床上，看见我，就难过地对我说："先生，我换好零钱往回跑的时候，被马车撞了。我的两条腿全断了，就要死了。……"

——《小珊迪》

②今天这里有没有特务？你站出来，你站出来，凭什么要杀李先生？暗杀了人，还要诬蔑人，说什么"桃色事件"，说什么共产党杀共产党，无耻吧！无耻啊！

——摘自闻一多《最后一次讲演》

（6）气声：也叫虚声，是指用一种气大于声的声音，表示惊讶、感叹等感情。

如：

我忽然闻到一股浓重的棉布焦味，扭头一看，哎呀！火烧到邱少云身上了。

（二）态势语运用技巧

1. 态势语内涵与功能

态势语又叫体态语，是通过人体的动作、表情、眼神等来进行思想沟通和情感交流的一种方式。朗读或朗诵中，恰当地运用态势语，可以弥补有声语言的不足，更形象地传递信息、表达思想、传达情感；可以丰富有声语言的表达效果，提高口语表达的准确性和生动性。

2. 态势语类型及操作

态势语主要有表情语言和肢体语言：

（1）表情语言

罗曼·罗兰曾说："面部表情是多少世纪培养成的语言，是比嘴里讲的更复杂千百倍的语言。"每个人都有面部表情，它是人的内心意愿、感情、倾向等最准确的、最微妙的"晴雨表"。面部表情是指人的脸面、眉、眼、嘴、鼻等的表情，其表达贵在四个字：自然、真挚。

①眼睛语言：眼睛是心灵的窗户，眼的运动是面部最引人注目的，是态势语中最特殊、最重要的语言，眼睛语言的奥妙，在于它的真实性。

常用的眼睛注视的方法有：凝视、虚视、环视、俯视、斜视等。

不同的眼神可以反映不同的思想感情，我们可通过眼光洞悉人的内心。如：凝视，表示关注；环视，表示镇定、坦然；虚视，表示心虚、不安；斜视，表示轻蔑、鄙视、目中无人等。

朗读或朗诵中，常常需要这些目光的交替运用，才能表达中适时地与听者沟通交流，有效增强表达的感染力。

②脸的运动：脸上的每个细胞、每个皱纹、每个神经都能表达某种意愿、某种感情、某种倾向。

如：咧嘴笑，表愉快；咬牙切齿，表痛恨；皱眉头，表痛苦、忧愁或焦虑等。

（2）肢体语言

肢体语言包括手势和身势，在日常生活中，我们都会不自觉地学习和运用肢体语言来辅助我们的交际。朗读或朗诵中，合理地运用肢体语言，可以增强表达效果。

身势指身体的运动，包括站立、弯腰、挺胸、跨步等。站立是最基本的身势语言，要求做到肩平、腰直、身正、立稳。切忌左右摇晃、两脚打颤，以免给人轻率、傲慢或慌张的感觉。

手势指手臂、手掌、手指的运动。如：用"竖大拇指"表示夸奖、肯定、称赞，用"劈掌"表示果断，用"挥拳"表示激愤，用"扬臂"表示呼告、激励、号召等。

在语言表达时我们用单手时较多，但在必要时，也可双手共同。在表达一个意思时，没有固定的手势、身势，要根据自己的理解去进行合理的设计。

注意：朗读或朗诵中，表情语言与肢体语言往往是配合使用的。而且，并不是每一句话都需要态势语，应在需要增强表达效果时合理地运用，过多则会适得其反。另外，态势语传递的所有信息要受表达环境的制约，因而使用态势语要注意环境与对象。

喜爱诵读的同学，可试用以上学习的声音化妆技巧和态势语表达技巧朗诵下面这首诗。

> 我愿意是急流，是山里的小河，
>
> 在崎岖的路上，岩石上经过 ……
>
> 只要我的爱人是一条小鱼，
>
> 在我的浪花中，快乐地游来游去。
>
> 我愿意是荒林，在河流两岸，
>
> 对一阵阵的狂风，勇敢地作战 ……
>
> 只要我的爱人是一只小鸟，
>
> 在我的稠密的树枝间作窠，鸣叫。
>
> 我愿意是废墟，在峻峭的山岩上，
>
> 这静默的毁灭，并不使我懊丧 ……
>
> 只要我的爱人是青春的常春藤，
>
> 沿着我荒凉的额，亲密地攀援上升。
>
> ——选自匈牙利 · 裴多菲 《我愿是激流》

* 第四节

作品诵读

在诵读中，不同作品因其体裁、内容、形式及风格的差异，各种诵读技巧的运用也会有一定的差异，应该有所了解。

一 诗歌诵读

诗歌有其独特的艺术风格，其内容丰富、意境深远，节奏鲜明、韵律和谐，是音乐性最强，最适合诵读的文学体裁。诵读诗歌，必须抓住特点，深解诗意，深入意境，真心感悟，因境抒情，以声传情，表现出诗歌的意韵美。

（一）依据内容，确定基调

如：

黄四娘家花满蹊，千朵万朵压枝低。留连戏蝶时时舞，自在娇莺恰恰啼。

——杜甫《江畔独步寻花》

本诗描写了春光烂漫的美景，表现了诗人幽径寻芳喜悦舒畅的心情，基调柔美轻快。

小时候	长大后
乡愁是一枚小小的邮票	乡愁是一张窄窄的船票
我在这头	我在这头
母亲在那头	新娘在那头
后来啊	而现在
乡愁是一方矮矮的坟墓	乡愁是一湾浅浅的海峡
我在外头	我在这头
母亲在里头	大陆在那头

——《乡愁》余光中

此诗寄予了诗人及万千海外游子深深的思乡情怀，基调深沉凝重。

（二）感悟情感，确定语速

诗歌诵读的语速，有一定的规律可循。"如果表现的内容是欢快的、激动的或紧张的，速度要快一些；表现的内容是悲痛的低沉的或抒情的，速度要慢一些；表现的内容是平铺直叙的，速度采取中等为宜。"可见，诵读杜甫的《江畔独步寻花》，语速要快一些，而诵读余光中的《乡愁》，语速就应慢一些。

在同一首诗歌中，诵读的语速并非一成不变的，而应随着诗歌情感发展变化而变化。

（三）体味意境，处理轻重

诗歌诵读，有轻有重，有音长音短，依据诗歌内容、意境，判断字词句的轻重及音长音短，才能将诗歌的情感韵味准确加以体现。如

　　轻轻地 // 我走了，

　　正如我 // 轻轻地 / 来；

这两句诗比较轻柔，但轻柔之中依然有强调部分。其中重音可稍重一些，但两个"轻轻"虽也是诗中重点强调的，但依据诗歌意境，不宜重读，而应用轻读拉长字音的方式处理。在这样饱含浓浓的留恋眷顾诗情的轻重高低的中，"歌"的韵味便自然流出。

（四）体验音韵，把握节奏

每一首诗歌，都有各自的节奏韵律。诵读中应遵循韵律、把握节奏，抑扬顿挫地展示出诗歌的音韵美。如

　　风劲 // 角弓鸣，将军 // 猎渭城。草枯 // 鹰眼疾，雪尽 // 马蹄轻。

　　忽过 // 新丰市，还归 // 细柳营。回看 // 射雕处，千里 // 暮云平。

——王维《观猎》

　　你看，// 那浅浅的 // 天河，

　　定然是 // 不甚 // 宽广。

　　那 // 隔着河的 // 牛郎 // 织女，

　　定能够 // 骑着牛儿 // 来往。

——郭沫若《天上的街市》

（五）诗"我"合一、表达真情

诵读诗歌要有身临其境之感，将情感投入其中，以诗的"魂"与"形"为依据，恰当地融合自己的理解与感悟，走近诗人、走进诗境，倾情诵读、以声传情，最终达到诗"我"合一，浑然天成的最高境界。

如，苏轼《念奴娇·赤壁怀古》的豪放之情，陶渊明《饮酒》（其五）的淡雅闲情，只有身临其境地细心把握，方能读出诗味来。

一试身手

根据诗歌诵读的要求，运用所学诵读技巧，试读下列诗歌。

1. 格律诗二首

《夜雨寄北》李商隐

君问归期未有期，巴山夜雨涨秋池。

何当共剪西窗烛，却话巴山夜雨时。

《客至》杜甫

舍南舍北皆春水，但见群鸥日日来。

花径不曾缘客扫，蓬门今始为君开。

盘飧市远无兼味，樽酒家贫只旧醅。

肯与邻翁相对饮，隔离呼取尽余杯。

2. 苏轼词二首

《水调歌头》

明月几时有，把酒问青天。

不知天上宫阙，今夕是何年？

我欲乘风归去，又恐琼楼玉宇，

高处不胜寒。

起舞弄清影，何似在人间！

转朱阁，低绮户，照无眠。

不应有恨，何事长向别时圆？

人有悲欢离合，月有阴晴圆缺，

此事古难全。

但愿人长久，千里共婵娟。

《念奴娇·赤壁怀古》

大江东去，浪淘尽。

千古风流人物。

故垒西边，人道是，三国周郎赤壁。

乱石崩云，惊涛拍岸，卷起千堆雪。

江山如画，一时多少豪杰！

遥想公瑾当年，

小乔初嫁了，雄姿英发，

羽扇纶巾，谈笑间，樯橹灰飞烟灭。

故国神游，多情应笑我，早生华发。

人生如梦，一樽还酹江月。

3. 现代新诗二首

《断章》卞之琳

你站在桥上看风景，看风景的人在楼上看你。

明月装饰了你的窗子，你装饰了别人的梦。

《雨巷》戴望舒

撑着油纸伞，独自	她是有	她彷徨在这寂寥的雨巷
彷徨在悠长、悠长	丁香一样的颜色	撑着油纸伞
又寂寥的雨巷	丁香一样的芬芳	像我一样
我希望逢着	丁香一样的忧愁	像我一样地
一个丁香一样地	在雨中哀怨	默默行着
结着愁怨的姑娘	哀怨又彷徨	寒漠、凄清，又惆怅
她默默地走近	像梦中飘过	在雨的哀曲里
走近，又投出	一枝丁香地	消了她的颜色
太息一般的眼光	我身旁飘过这女郎	散了她的芬芳
她飘过	她静默地远了、远了	消散了，甚至她的
像梦一般地	到了颓圮的篱墙	太息般的眼光
像梦一般地凄婉迷茫	走尽这雨巷	丁香般的惆怅

撑着油纸伞，独自
彷徨在悠长、悠长
又寂寥的雨巷
我希望飘过
一个丁香一样地
结着愁怨的姑娘

二 散文诵读

散文的范围很广，广义指韵文以外所有的文章，包括说明文、议论文和小说；狭义专指以抒发作者对世间万物的主观感受为主的记叙性、抒情性、议论性文学作品。经常作为诵读材料的是后一类作品。散文的诵读，要在不显山不露水之中，将文中所蕴涵的深挚情感与人生体味传达出来。

（一）抓住主线，表达情感

散文形散神聚，诵读时，要注意把握作品的情感主线，深入理解其思想内容，适当融入自己的真挚情感，准确地传达出作品的"神韵"，使听众受到启发与感染，产生情感共鸣。如：

燕子去了，有再来的时候；杨柳枯了，有再青的时候；桃花谢了，有再开的时候。但是，聪明的，你告诉我，我们的日子 // 为什么 / 一去不复返呢？——是有人偷了他们罢：那是谁？又藏在何处呢？是他们自己 // 逃走了罢：现在 / 又到了哪里呢？

——朱自清《匆匆》

【诵读提示】这是朱自清散文诗《匆匆》的第一段。作品一开始，作者用大自然的荣枯，描绘出时间飞逝的痕迹，并由此追寻自己日子的行踪。万物都在时间的年轮中轮回，而"我"的日子却"一去不复返"，是被人"偷了"还是"逃走"了呢？作者将自然的新陈代谢迹象与自己无形的日子相对照，通过一连串疑问句，流露出怅然若失的情绪。

（二）表达细腻，亲切自然

散文的文辞优美、音韵和谐，具有多彩的风格和诗情画意。行文中有些地方能够大致押韵，读之朗朗上口，富于音乐美；许多散文还常用对偶、排比等结构对称的句子，凝练而富于节奏。诵读时，要用细腻地把握，在准确表情达意的同时，体现文辞的音韵之美。

散文的诵读，基调较为平缓，没有太大的起伏，一般应采用中等的速度、柔和的音色，舒缓流畅，娓娓道来，亲切自然；处理重音时，多用拉长而不是加重的音量；对停顿的处理，也要做到"声断气连"。如：

曲曲折折的荷塘上面，弥望的 // 是田田的叶子。叶子 // 出水很高，像亭亭的 / 舞女的裙。层层的叶子中间，零星地 // 点缀着些白花，有 // 袅娜地开着的，有羞涩地 / 打着朵儿的；正如一粒粒的明珠，又如碧天里的星星，又如刚出浴的 // 美人。微风过处，送来缕缕清香，仿佛远处高楼上 // 渺茫的歌声似的。这时候 // 叶子与花 / 也有一丝的颤动，像闪电般，霎时 // 传过荷塘的那边去了。叶子 // 本是肩并肩 / 密密地挨着，这便宛然 // 有了一道 / 凝碧的波痕。叶子底下 // 是脉脉的流水，遮住了，不能见一些颜色；而叶子 // 却更见 / 风致了。

【诵读提示】本段文字抒情性很浓，诵读时要注意感情的控制，语速稍缓，语调轻柔，表现出月下荷塘的清幽恬静。首句的"上面"与末句的"底下"相对，是作者着力描写的部分，诵读时可稍作强调。"叶子"句，重在表现荷叶高而美的风姿，感情处理不要太浓。写"花"的句式较整齐，要读得灵活而有变化，应极力反映出荷花饱满盛开、含苞待放的情态。后半部分的动态描写，抒情味最浓，应表现出荷香轻淡缥缈、沁人心脾的感觉及荷叶田田妩媚而富有生气的风姿；"闪电"的景致是短暂的，可稍快但不能急，而后，感情渐渐趋于平和，语速也应逐渐放缓。

运用所学诵读技巧，诵读下列散文并与同学分享试读感受。

《散步》莫怀戚

我们在田野散步：我，我的母亲，我的妻子和儿子。

母亲本不愿出来的。她老了，身体不好，走远一点儿就觉得很累。我说，正因为如此，才应该多走走。母亲信服地点点头，便去拿外套。她现在很听我的话，就像我小时候很听她的话一样。

这南方初春的田野，大块小块的新绿随意地铺着，有的浓，有的淡，树上的嫩芽也密了，田里的冬水也咕咕地起着水泡。这一切都使人想着一样东西——生命。

我和母亲走在前面，我的妻子和儿子走在后面。小家伙突然叫起来："前面是妈妈和儿子，后面也是妈妈和儿子。"我们都笑了。后来发生了分歧："母亲要走大路，大路平顺；我的儿子要走小路，小路有意思"。不过，一切都取决于我。我的母亲老了，她早已习惯听从她强壮的儿子；我的儿子还小，他还习惯听从他高大的父亲；妻子呢，在外面，她总是听我的。一霎时我感到了责任的重大。我想找一个两全的办法，找不出；我想拆散一家人，分成两路，各得其所，终不愿意。我决定委屈儿子，因为我伴同他的时日还长。我说："走大路。"但是母亲摸摸孙儿的小脑瓜，变了主意："还是走小路吧。"她的眼随小路望去：那里有金色的菜花，两行整齐的桑树，尽头一口水波粼粼的鱼塘。"我走不过去的地方，你就背着我。"母亲对我说。

这样，我们在阳光下，向着那菜花、桑树和鱼塘走去。到了一处，我蹲下来，背起了母亲；妻子也蹲下来，背起了儿子。我和妻子都是慢慢地，稳稳地，走得很仔细，好像我背上的同她背上的加起来，就是整个世界。

《站在历史的枝头微笑》（美）本杰明·拉什

人活着，最要紧的是寻觅到那片代表着生命绿色和人类希望的丛林，然后选一高高的枝头站在那里观览人生，消化痛苦，孕育歌声，愉悦世界！这可真是一种潇洒的人生态度，这可真是一种心境爽朗的情感风貌。

站在历史的枝头微笑，可以减免许多烦恼。在那里，你可以从众生相所包含的甜酸苦辣、百味人生中寻找你自己；你境遇中的那点儿苦痛，也许相比之下，再也难以占据一席之地；你会较容易地获得从不悦中解脱灵魂的力量，使之不致变得灰色。

人站得高些，不但能有幸早些领略到希望的曙光，还能有幸发现生命的立体的诗篇。每一个人的人生，都是这诗篇中的一个词、一个句子或者一个标点。你可能没有成为一个美丽的词，一个引人注目的句子，一个惊叹号，但你依然是这生命的立体诗篇中的一个音节、一个停顿、一个必不可少的组成部分。这足以使你放弃前嫌，萌生为人类孕育新的歌声的兴致，为世界带来更多的诗意。

最可怕的人生见解，是把多维的生存图景看成平面。因为那平面上刻下的大多是凝固了的历史——过去的遗迹；但活着的人们，活得却是充满着新生智慧的，由不断逝去的"现在"组成的未来。人生不能像某些鱼类躺着游，人生也不能像某些兽类爬着走，而应该站着向前行，这才是人类应有的生存姿态。

三 寓言、童话诵读

寓言和童话，都是常常被选作诵读材料的文体。寓言，是带有劝喻或讽喻的故事，短小精悍，通俗易懂，多由故事和教训两部分构成；童话，是儿童文学的一种，通过想象、幻想与夸张来塑造形象，对儿童进行情感教育，故事情节神奇曲折、生动浅显。寓言与童话故事中，都常常出现拟人化的动物，特别受到孩子们的欢迎。所以，有人将二者归为一类。

寓言和童话的诵读，有其自身的特点。

（一）把握主题，揭示寓意

寓深刻的道理于简单的故事之中，以此寓彼、以古喻今、以小喻大是寓言与童话主题体现的特点。诵读时，应透过作品中塑造的形象及故事情节，准确把握其主题，揭示寓意，生动、鲜明地给人以情感渗透与理性启示。

《狐狸和狗》告诉我们，对于像狐狸一样狡猾的人，不能有丝毫的善意，要懂得以牙还牙。

《驴子跟狼》启发我们，面对像狼一样凶残、狡猾的人，不要害怕，也不必惊慌，要学会冷静机智地应对。

《乌鸦的迁徙》告诫我们，在不能改变环境的时候，要学会适应它。如果你无法改变环境，那么唯一的方法就是改变你自己。

《农夫与蛇》告诫人们，对蛇一样的恶人绝不能心慈手软，即使对他们仁至义尽，他们的邪恶本性也是不会改变的。

（二）声音化妆，准确造型

寓言、童话中往往有多个故事中的角色，还有一个讲述者角色，即作者本人。诵读时，应弄清楚每一个角色。

寓言、童话的诵读是以讲述为主的，因而，要很好地处理讲述语言，注重讲述身份感，以确保诵读的主次感和整体感。另一方面，应对故事中角色的生理、心理、性格、年龄、行为等特征，以及角色间的相互关系准确理解和把握，并借助声音、气息、语速等多种语言技巧和适度的夸张与模仿，对故事中的角色进行化妆造型，以更形象、生动、传神地表达主题。如：

《乌鸦和猪的谅解》

乌鸦在一株树上，看见下面有一只浑身长满黑毛的猪。"哈哈！这个黑家伙，多难看呀！"乌鸦说。猪向四处看了看，发现说话的是乌鸦，就说："讲话的，原来是一个黑得可怜的小东西！""你说谁？你也不看看你自己！"乌鸦气愤地说。"你也看看你自己吧！"猪也很气愤。它们争吵了一阵，就一道去池塘，证实谁更黑更难看。它们从水里照了照自己，又互相端详了一下，谁也不开口了。但乌鸦忽然高兴起来说："其实，黑有什么不好看呢？""我也以为黑是很好看的。"猪也快乐地说。

这只是一点比喻，是说我们应该警惕：不要因为彼此都有相同的缺点，就互相原谅，并且把缺点当作优点，自称自赞起来。

【诵读提示】诵读时要注意把握猪和乌鸦不同的角色特点。乌鸦体形很小，读它话时，声音可以尖细一些；而乌鸦又总是被认为比较狡猾，它说话的语速也可稍快一些。读猪的话时，声音可以低缓一些，粗重一些，因为一般认为猪比较愚笨。这样就将两个角色声音拉开了距离，形成了对比，塑造出不同的角色形象，增强了作品诵读的艺术效果。

《猴吃西瓜》

猴儿王找到个大西瓜。可是怎么吃呢？这个猴儿王啊是从来也没吃过西瓜。忽然他想出一条妙计，于是就把所有的猴儿都召集来了，对大家说："今天我找到一个大西瓜，这个西瓜的吃法嘛，我是完全知道的。不过我要考验一下你们的智慧，看你们谁能说出西瓜的吃法，要是说对了，我可以多赏他一份儿；要是说错了，我可要惩罚他！"小毛猴一听，搔了搔腮"我知道，西瓜是吃瓤儿！""不对，我不同意小毛猴的意见！"猴王刚想同意，一个短尾巴猴儿说："我清清楚楚地记得！我和爸爸到姑妈家去的时候，吃过甜瓜，吃甜瓜是吃皮。我想，西瓜是瓜，甜瓜也是瓜，当然该吃皮啦！"大家一听，觉得有道理，可到底谁对呢？于是都不由把眼光集中到一只老猴身上。老猴一看，觉得出头露面的机会来了，就打扫一下嗓子说道："吃西瓜嘛，当然……是吃皮啦，我从小就吃西瓜，而且一直是吃皮，我想我之所以老而不死，也正是由于吃了西瓜皮的缘故！"有些猴儿早等急了，一听老猴儿也这么说，就跟着嚷起来："对，吃西瓜吃皮"！"吃西瓜吃皮！"猴儿王一看，认为已经找到了正确的答案，就向前跨了一步，开言道："对！大家说得都对，吃西瓜是吃皮！哼，就小毛猴崽子说吃西瓜是吃瓤儿，那就叫他一个人吃，咱们大家都吃西瓜皮！"于是，西瓜一刀两断，小毛猴吃瓤儿，大家伙儿共分西瓜皮。有个猴儿吃了两口，就捅了捅旁边的说："哎，我说，这可不是滋味啊！""咳——老弟，我常吃西瓜，西瓜嘛，就这味……"

【诵读提示】读这篇童话要注意处理好不同身份的猴的不同语气。猴王的语气要有威严，有一定的力度；小毛猴年龄小，天真可爱，没有心计，声音应尖细一些，语速要快一些；短尾巴猴年龄比小毛猴稍长，说话经过了思考，语速要适中；老猴倚老卖老，不懂装懂，说话语速缓慢，声音低沉，有一种得意与卖弄的感觉。最后两个猴的对话是以悄悄话的形式进行，音量要小一些，最后一个猴装出一种什么都知道的语气，要用拖腔和曲调来表现出它自以为是的得意感和故事的讽刺意味。

1. 讨论下列寓言的诵读方法，试用声音表现出青蛙与大鳖的不同特点。

《井底之蛙》

栖在井里的青蛙在井边碰上一只从东海而来的大鳖。青蛙看见大鳖，便对它心满意足地吹嘘自己的惬意："你瞧我住在这儿多么快乐呀！我从井栏上蹦进浅井，可以在井壁的缝隙里小憩。在井水里游耍，水面就托住我的胳肢和下巴。在软绵绵的泥地上漫步，淤泥就漫过脚背。看看周围的红虫、小螃蟹，它们谁也不能比我自由自在。"

井蛙喋喋不休地夸耀自己的安乐："我独自享受这口井儿，得意洋洋地站着，真是快乐极了。"它对海鳖发话，"先生，请问您，为什么不常常来光临咱水井，游览观光一番呢？"

海鳖经不住井蛙的怂恿，抵不住它的诱惑，也走到井边去瞧瞧。谁知它的左足还没踏进井底，右足却被井栏绊住了。它进退不得，迟疑了一会，回到了原处。海鳖算是亲自领教了一番青蛙炫耀不已的井边环境。它忍不住向井蛙介绍大海的景象："我生活的大海用千里的遥远不足以形容海面的辽阔；用万尺深度不足以穷尽海底。在大禹时代，10 年中有 9 年遭水灾，海面也并不因此而上涨；商汤时代，8 年中有 7 年遇旱灾，海水也并不因此而下降。你要知道大海是不受旱涝影响而涨落。这也就是我栖息在广阔东海的乐趣！"

小小井蛙听了大海鳖对大海的描述，吃惊地瞪着圆圆的小眼睛，满脸涨得绯红，羞愧得一句话也说不出来……

2. 讲述下列童话故事，注意表现角色特点。

《一头学问渊博的猪》

一头绝顶聪明的猪，住在一个非常出名的图书馆的院子里。它深信自己由于多年生活在图书馆里，已经成了渊博的学者。

有一天，一只八哥来访问。这头猪立即按照惯例，对客人进行自我介绍。

"朋友，相信我吧！"它说，"我在这个图书馆里待的时间很长了，我对这儿的沟渠、粪坑、垃圾堆，都有着深刻地了解，甚至屋后山坡上的墓穴都拱翻了好几个。谁要是想在这个图书馆得到知识而不找我，那他是白跑了一趟。"

八哥说："你所说的都是图书馆外面的事，那里面的东西也了解吗？"

"里面？"这头学问渊博的猪说，"那我最清楚不过了。里面无非是一些木架子，上面堆满了各色各样的书。"

"你对那些书也了解吗？"八哥问。

"怎么不了解呢？"这位渊博的学者说，"那是最没意思的了。它们既没有什么香气，也没有什么臭气，我咀嚼过好几本，也谈不上有什么味道，干巴巴的，连一点儿水分也没有。"

"可是人们老在里面待着，据说他们在里面探求知识的宝藏呢！"八哥又说。

"人们？你说他们干什么！"这位猪学者说，"他们确实是那样想的，想在书里找点什么东西。我常常看到许多人把那些书翻来翻去，结果什么也没有得到，仍然把书丢在架子上又走了。我保证他们在里面连糠渣菜叶都没有得到一点，还谈什么宝藏！我从不做那种蠢事。与其花时间去啃书本，还不如到垃圾堆翻几个烂萝卜啃啃。"

"算了吧，我的学者！"八哥说，"一个从垃圾堆里啃烂萝卜的嘴巴，来谈论书本上的事，是不大相宜的。还是去啃你的烂萝卜吧！"

3. 讲述下列格林童话，注意讲述身份感。

《老鼠、小鸟和香肠》（格林童话）

从前，有一只老鼠、一只小鸟和一根香肠住在一个家里，它们和睦相处，生活充满了幸福和快乐。他们分工合作，积累不断增加，变得十分富裕。小鸟每天飞到森林里去衔柴回来；老鼠担水，生火，布置饭桌；香肠则负责做饭。

一个人生活太顺畅，就会开始变懒，会想着法子玩新花样。

有一天，小鸟遇到了另外一个朋友，它向朋友很自豪地谈起自己生活的惬意现状。

那只鸟却嘲笑它是一个可怜的傻瓜，说它辛辛苦苦地在外面干活，另两个伙伴待在家里干轻松的活：老鼠每天生火、担水之后就回到自己的房间里躺下休息，到了吃饭的时候才去摆好桌椅，铺上桌布。香肠则坐在锅子旁，除了看食物烹煮的情况外，什么事都不做。到了要吃饭的时候，只加一点油、盐就算了事，不到一分钟就干完了。

小鸟听了这些话，心里很不是滋味。它飞回家，把柴担放在地上。大家和平时一样一起坐在桌子边吃饭，进餐之后又都回房睡觉，一直睡到第二天早晨起来。

还有什么生活比这种默契、合理分工的生活更令人满意呢？

可是小鸟受了朋友的挑拨，第二天不想到森林里去了，还说自己一直在服侍它们两个，做了很久的傻子，现在应该交换一下工作，家务事应该大家轮着来干。

尽管老鼠和香肠苦苦劝说，讲明它们这样分工最合理，这样才可能继续维持正常的生活。但小鸟听不进去，坚持它的提议。最后，它俩只好顺着它。它们用抽签的方式决定了这样的分工：香肠去背柴，老鼠做饭，小鸟去担水。

人要是离开了适合自己干的工作岗位时，会有什么结果呢？

香肠出发到森林里去了，小鸟生起火，老鼠架好锅子，只等香肠回家担来第二天用的柴枝。但香肠去了很久都没有回来，它俩意识到它一定出事了。小鸟马上飞出去沿着小路去找香肠，但它飞了不远就发现路上有一条狗，狗说它遇到了可怜的小香肠，把它当作可以捕食的猎物抓起来吃掉了。小鸟指责狗公开抢劫，行凶杀人。但一切话都已毫无用处，因为狗说它发现香肠从事的工作与它的身份不符，断定它是伪装的间谍，这样才把它杀死的。小鸟非常伤心地衔起柴枝回到家里，把自己所看到和听到的都告诉了老鼠。他和老鼠都很悲痛，但它们两个商定，最好还是住在一起。

小鸟把桌子铺好了，老鼠把菜也做好了，但当老鼠去盛菜时，热气一冲，它一子就掉进了锅里，连淹带烫死去了。

小鸟来到厨房想把饭菜端到桌子上去，可它没有看到厨师。它把柴枝翻来翻去扔得到处都是，这里叫，那里喊，每个地方都寻遍了，就是找不到厨师。

就在这时，灶里的火掉到柴枝上，柴枝马上燃了起来。小鸟急忙去担水，但匆忙间又把木桶掉到井里去了，它也跟着一起掉了下去。

一个好端端的家庭就这样完了。

第五章
会话的艺术

学习指导

　　当我们完成第一步语言的基础训练以后，如何能说话、会说话、说好话的问题就摆在了我们面前。怎样驾驭真实生活场景中的会话呢？这就是本章将要进一步探讨的话题。首先，倾听能力是说话最重要的基础，如何养成倾听的好习惯，规避会话中不良倾听的"坑"，我们将一起寻找答案。

　　如何在第一次交谈时推出自己、介绍自己，初次见面如何开场、如何提问……在这一章里，我们都将一起探讨这些在日常会话中必然会遇到的问题，相信每个人都将在其中找到适合自己的答案。让我们一起来完成以下学习任务吧。

学习目标

1. 理解并掌握倾听的要领与技巧。
2. 学习交谈的基本技巧。
3. 学习并完成一次推出自己的当众演讲。

第一节

学会倾听

问题思考

1. 不良倾听习惯有哪些？你中招了几条？
2. 你有过因为善于倾听而受到他人喜爱的体验吗？那是在什么情景下呢？
3. 朋友遇到问题了，你陪伴左右，你知道如何安慰对方吗？

一位主持人有一天访问一名小朋友，问他说："你长大后想要当什么呀？"小朋友天真地回答："嗯，我要当飞机驾驶员！"主持人接着问："如果有一天，你的飞机飞到太平洋上空，所有引擎都熄火了，你会怎么办？"小朋友想了想："我会先告诉坐在飞机上的人绑好安全带，然后我挂上我的降落伞先跳出去。"

当现场的观众笑得东倒西歪时，主持人继续注视着这孩子，想看他是不是自作聪明的家伙。

没想到，接着孩子的两行热泪夺眶而出，这才使得主持人发觉这孩子的悲悯之情远非笔墨所能形容。于是，主持人问他："为什么要这么做？"小孩的回答透露出一个孩子真挚的想法："我要去拿燃料，我还要回来！我还要回来！！"

转引自：雨佳："听的艺术"，《报刊文摘》，2002年9月22—24日第3版，原载《广州日报》，2002年9月16日（有修改）。

你听到别人说话时……你真的听懂他说的意思吗？你懂吗？如果不懂，就请听别人说完吧，这就是"听的艺术"。

一 不良倾听习惯

在沟通的过程中，造成沟通效率低下的最大原因就在于倾听者本身。研究表明，信息的失真主要是在理解和传播阶段，归根到底是在于倾听者的主观障碍。

1. 自我辩解

自负的人很不愿意倾听对他的批评意见。人们也容易不爱听到对自己尊重的人的批评意见。当批评意见与倾听者原来的认识、信念是对立时，往往被忽略。一个好的倾听者必须硬着头皮倾听批评意见，因为那些逆耳之言很可能是大有价值的。

2. 自我中心

有人总是喜欢说，不愿意听。他们对倾听似乎没有兴趣，但自己一说话，就滔滔不绝。他们的谈话往往没有主题，即使有主题，也常常跑题。他们很少关注别人是否对他们的谈话感兴趣。别人的说话常常会被他们打断。他们是一些喜欢控制谈话的人。他们喜欢输出信息，但不喜欢输入信息，而且不太注意自己输出的信息是否为别人所需要，也不太注意别人的反应。由于他们常常打断别人的话头，因此很少得到足够的反馈。与自我中心的倾听者的沟通缺乏双向交流。

3. 被动的倾听者

被动的倾听者对听到的信息很少深入思考，也很少给予说话者反馈。他们静静地听，几乎不提问，更不会打断别人的说话。表面上他们是好的倾听者，但实际上他们并不很关心说话人的话语内容。与被动的倾听者的沟通很难深入。

4. 有意奉承

以奉承他人为主要特征的倾听者很注意谈话人提及的自夸性内容，有意忽略涉及对方缺陷的信息。当谈话人说到得意的时候，倾听者常常不失时机地表示自己的钦佩或羡慕。奉承的倾听者很注意与谈话人的关系，不愿意得罪谈话人。奉承的倾听者不会给予对方任何真实的批评性的反馈。

5. 急于挑剔

挑剔的倾听者没有耐心听完对方的话语，常常过于急躁地打断对方的谈话。他在倾听的时候似乎主要注意对方话语中的毛病，而不是注意话语中包含的有价值的信息。挑剔的倾听者好表现自己，一旦发现对方话语中的毛病，就急忙提出自己的见解。虽然挑剔的倾听者也常常能够贡献自己的高见，但他们缺乏听完对方陈述的耐心，常常误解对方的意思，引起不必要的争论。

这几种习惯，你有吗？

二 教你几招倾听的技巧

（一） 创造有利的倾听环境，要有正确的"听"的态度

尽量选择安静、平和的环境，使传递者处于身心放松的状态，专心地听对方谈话，态度谦虚，保持微笑，始终用目光注视对方，不做无关动作。

（二） 摆出有兴趣的样子，做一个积极的"听话者"

①观察对方。端详对方的脸、嘴和眼睛，尤其要注视眼睛，将注意力集中在传递者的外表。这能帮助你聆听，同时，能完全让传递者相信你在聆听。

②通过体态语言或其他方式给予必要的反馈。例如：赞成对方说话时，可以轻轻点一下头；对他所说的话感兴趣时，展露出你的笑容；用"嗯""噢"等表示自己确实在听和鼓励对方说下去，等等。

③提出问题。凭着你所提出的问题，让对方知道，你是仔细地在听他说话。而且通过提问，可使谈话更深入地进行下去，如"造成这种现象的原因是什么呢？""他为什么要这样做？"

④关注中心问题，不要将其他的人或事牵扯进来。

⑤不要争论，巧妙地表达你的意见。因为对方希望的是听的人"听"他说话，或希望听的人能设身处地地为他着想，而不是给他提意见。你可以配合对方的证据，提出你自己的意见，比如对方说完话时，你可以重复他说话的某个部分或某个观点。这不仅证明你在注意他所讲的话，而且可以以下列的回答陈述你的意见，如"正如你提出的意见一样，我认为我完全赞成你的看法"。

⑥要听出言外之意。一个聪明的倾听者，不能仅仅满足于表层的听知理解，而要从说话者的言语中听出话中之话，从其语情语势、身体的动作中演绎出隐含的信息，把握说话者的真实意图。只有这样，才能做到真正的交流、沟通。

⑦保持耐性，让对方讲述完整，不要打断他的谈话，不过早做出结论或判断。当你心中对某事已做了判断时，就不会再倾听他人的意见，沟通就被迫停止。保留对他人的

判断，直到事情清楚，证据确凿。

⑧做笔记不但有助于聆听，而且有集中话题和取悦对方的好处。

以下不良倾听行为，你有吗？

（1）当听到对自己的批评意见时，总是急于为自己辩解。

（2）明明知道自己错了，就是不愿意爽快承认。

（3）当发现自己行为失误时，首先寻找理由为自己辩解。

（4）平时与同事、朋友谈话，总是自己说得最多，没有给对方更多的说话机会。

（5）与人谈话，只顾自己说而很少关注对方的反应。

（6）常常急于打断别人的话。

（7）几乎从来不打断别人的话，有疑问也不提出。

（8）与人对话，经常走神，但不是因为疲劳。

（9）明知对方的谈话内容中有明显错误，即使可以指出，也不愿意指出。

（10）在谈话中倾向于奉承对方。

（11）对对方谈话内容中的小缺陷特别敏感，一经发现就马上打断对方，给予纠正。

讲讲在你身边的不良倾听的故事，交流一下这样的行为带给你的感受。在你与别人讲话时，你希望别人怎么做？

1. 游戏：传话

（1）学生分成小组，教师选择一段话或者一个小故事，先讲给第一个小组听，然后由第一组选派一个同学讲给第二小组听，依此类推，直到所有小组听完，然后各小组分别派同学到台上把你听到的故事讲给大家听。

（2）学生自选一段话或一个小故事，在小组内同学之间完成，结束后，交流讨论，分享对这个游戏的感受。

2. 游戏："我在听你说！"

（1）教师给出数个话题备选，例如："假如你是校长，你最想做的事是什么？"

（2）学生以四人小组为单位，一人作为倾诉者，一人作为倾听者，其余两人做观察员观察倾听者的行为，看他有没有做出良好的倾听行为。

（3）在倾听结束后，立即做出评价，然后四人依次轮换，每个人都要扮演三种角色：倾听者、倾诉者和观察员。

提问与回答

（一）提问的技巧

提问是引导话题、展开谈话或话题的一个好方法。提问有三种功能：一是通过发问来了解自己不熟悉的情况；二是把对方的思路引导到某个要点上；三是打破冷场，避免僵局。

提问首先应注意内容，不要问对方难于应对的问题，如超乎对方知识水平的学问、技术问题等，也不应寻问人们难以启齿的隐私，以及大家都忌讳的问题等。如果你提的问题对方一时回答不上来，或不愿回答，不宜生硬地追问或跳跃式地乱问，要善于调换话题。如果对方仅仅是因为羞怯而不爱谈话，你就应先问点无关的事，比如问问他工作的情况或学习的情况，等紧张的空气缓和了，再把话题纳入正轨。

提问方式分为两种，一种是封闭式的提问，一种是开放式的提问。

1. 封闭式提问

封闭式提问是指为引导谈话的主题，由提问者选定特定的话题，希望对方的回答于限定的范围，一般对方只能用 Yes or No，即是或否来回答的提问。封闭式的提问经常体现在"能不能""对吗""是不是""会不会""多久"等疑问词之间。比如说："通过对积极倾听的学习，大家是否已经掌握了倾听的要点？"对这一提问的回答，只能是Yes or No。

2. 开放式提问

开放式提问就是为引导对方能自由启口而选定的话题。如果你想多了解一些对方的需求，就要多提一些开放式的问题。能体现开放式的问题的疑问词有："什么""哪里""告诉""怎样""为什么""谈谈"等，如"大家通过这堂课的学习，能不能谈一谈自己对倾听技巧的认识？"，这是开放式的问题。

在实际运用中，开放式提问和封闭式提问需要很好地结合，才能够达到有效提问的目的。如果你想获得一些更加具体的资料和信息时，就需要提出封闭式的问题，这样才能让对方确认你是否理解了他的意思。但是在人际交往中，如果你问了很多封闭式的问题，这会给对方造成一种压力，同时也不利于自己对信息的收集。所以，在初次与人交往时，应多问一些开放式的问题，以便让对方能够自由、毫无拘束地说。这样才更有可能使你从中获得更多的信息，加深交往的程度。

案例

在第二次世界大战中期，日本决定选举新一任的首相，西方的记者都急于知道选举的结果，因为整个投票选举过程都是秘密进行的，并且谁出任新的首相将会影响整个战局的发展。所以，西方记者全都紧紧地追随参加议会的内阁大臣们，希望能够打探出究竟谁是新任首相，但是大臣们都守口如瓶。

有一个西方记者问："请问内阁大臣阁下，新任的首相是不是秃顶？"记者问了这个问题之后，他根据对方的迟疑、思考的表现，判断出了新任日本首相，因为候选人中有一个是秃顶，有一个是半秃。

通过这个例子可以看出，这个记者很好地运用了提问技巧，通过提问，能够准确地挖掘出信息发起者所要传达的信息，以及判断这种信息是否有效。

家中来了一位东北客人，如果你向他（她）提出以下的问题，会出现什么样的结果？如果你换一种问法，又会出现什么样的结果？深刻领悟开放式问题与封闭式问题的沟通效果有何不同。

"你是东北人吧？"

"你刚到重庆吧？"

"东北比重庆冷吧？"……

"这次到重庆有什么新的感触？"

"东北现在建设得怎么样？有什么新闻？"……

（二）回答的技巧

1. 普通应对

（1）把握重点、简捷明白、条理清楚、有理有据。一般情况下，回答问题要结论在先，议论在后，先将自己的中心意思表达清晰，然后再做叙述和论证。

（2）讲清原委，避免抽象。一般不要简单地仅以"是"或"否"作答。针对所提问题的不同，有的需要解释原因，有的需要说明清楚。

（3）确认提问内容，切忌答非所问。面对问题，一定要搞清楚，这样才能有的放矢，不至于南辕北辙，答非所问。

（4）有个人见解，体现个人特色。只有具有独到的个人见地和个人特点的回答，才会引起别人的兴趣和注意。

（5）要知之为知之，不知为不知，诚恳坦率地承认自己的不足之处。

另外，回答问题时，在说话方式上语速太快或过慢、反问、急于作答、打断对方谈话、附加手势及其他身体语言、不顾对方反应、语言不当等都会产生负面的影响。

2. 难题应对

在交谈中，我们经常会遇到这样那样的问题或矛盾，及时地运用你的才智去化解，也是我们很有必要学习的技巧。

（1）撤退

当我们面对一个炫耀卖弄者或言语挑衅者时，立即结束交谈就是一种节约时间、省却烦恼的方法。

在舞会或聚会上，你可以简洁而客气地说："但愿你度过一个愉快的夜晚。"然后走开。

（2）表示礼貌

在倾听别人谈话时，对对方的谈话内容你或许没有共鸣，但是应该对对方表达尊重，你可以这样说：

"是个办法。"

"这无疑是考虑该问题的另一条途径。"

"尽管这对我不适用，但对别人也许有用。"

（3）对付长篇大论者

"我对你的话很惊奇（失望、生气）。"

"真是太复杂了！"

"谢谢你说了那么多！"

最后两句是双关语，它们既可用于对付听到的令人喜爱的言论大加赞赏，也可用于对付所听到的不怎么令人喜欢的话。你不妨把它们灵活运用，以显示你不温不火的风度。

（4）对付喜欢打岔的人

"我很欣赏您的观点，但让我把话说完之后您再说吧！"

"我可以继续讲吗？"

"我还没说完呢。"

"等我把话讲完，你就可以发言了。"

（5）对付嘲笑和挖苦

偏好讽刺挖苦别人的人通常都妄自尊大，和他们谈话，很难用快乐或积极来形容。对付讽刺挖苦者或言辞刻薄者的最佳方法就是表达自己的立场和态度，向对方传递这样一些信息：

"我不明白你到底想说什么！"

"你要是打开天窗说亮话可能更省事。"

"你表达的确切意思是什么呢？"

他们也许恶习难改，而且你怎样应对，他都可能以刻薄的言辞回击。如果你们的交谈没有明确的目的，回答也是漫不经心的，你还是找个借口溜之大吉的好，这种交谈也许不值得你浪费时间和精力。如果你确实需要和他交流，那只好对他的讥讽揶揄充耳不闻，耐心地往下谈，直至达到目的为止。而在其间你可以夹杂一些这样的话："能不能重复一遍刚才的话，好让我听懂你的意思呢？"

（6）对付脾气暴躁的人

梅子的上司是个火药桶，总是为一个小小的过失而咒骂别人、大动肝火。这使得办公室的同事们始终处于一级战备中，惶惶不可终日。而忍受到极限的梅子开始行动了。一次，上司的责难风暴过后，梅子走进了他的办公室，平静地告诉上司，她知道刚才他很烦躁，但她并不欣赏他的大喊大叫，而更喜欢他用一种文明的方式纠正下属的错误。令她大为惊奇的是，他认真倾听了她的话，并在以后尽力控制自己的情绪，至少对她是这样。

其实，如果我们面对暴躁的权威，什么都不做，听之任之，那就只能当对方的出气筒了。当然，对权威采用平静的规劝是要冒一定风险的。

（7）对付你不想回答的问题

当有人不知趣地碰触到了你的隐私，又该如何作答呢？

他会理直气壮地问："上个月你的薪水是多少？"

于是，你可以理直气壮地回答："与我所预料的差不多。"

除了这招，我们还可以将话题转到新闻、天气、体育运动……

第二节

推出你自己

> **问题思考**
>
> 1.很多时候，我们都面临着向陌生人推出自己的问题。该如何介绍自己呢？有哪些不同的情况？不同的角度？……我们一起来探讨一下吧！
> 2.作为准职业人，面试场上的自我推出更是重中之重，这里面有哪些窍门呢？我们该如何做呢？请跟我来。

一 如何完成一次自我或他人的介绍

生活中，谁都会面对一些陌生的人或事。这种时候，介绍就成为必不可少的沟通手段。当别人不认识你的时候，你要做自我的介绍；当别人不认识你的朋友或家人的时候，你要做他人介绍。没有这样的介绍，人和人之间是一种距离，一种障碍；而实际上，我们每个人又都希望有人了解自己，尤其是我们的长处和优点，更是希望被别人发现和欣赏。只有互相介绍，才可以消除人和人之间的陌生感，让每个人感到自己的存在。他人的存在，让这个世界变成温馨的家园。因此，介绍既是一个展示自己的机会，也是为他人服务的一种礼仪行为。

根据对象的不同，我们把介绍分为自我介绍和他人介绍。

（一）自我介绍

1. 给人良好的"第一印象"

有一对朋友谈论他俩都认识的一位医师老徐。可两人对老徐的看法截然相反：一位认为老徐很有教养，对病人关怀备至；另一位认为老徐脾气暴躁，对病人态度不好。究其原因，原来后一位第一次见到老徐时，他正在对一位病人发脾气，于是，就形成了难以改变的"第一印象"。

第一印象亦称"首因效应"，它在人们心目中一旦形成，便定下了对这个人的认识的基调，成了以后交往的依据。因此，我们必须利用"首因效应"为结交朋友创造条件。为此，必须高度重视给人第一印象的自我介绍。

请看喜剧表演艺术家王景愚的自我介绍：

我就是王景愚，表演《吃鸡》的那个王景愚。人称我是多愁善感的喜剧家，实在是愧不敢当，只不过是个"走火入魔"的哑剧迷罢了。你看我这40多公斤的瘦小身躯，却经常负荷许多忧虑与烦恼，而这些忧虑与烦恼，又多半是自找的。我不善于向自己敬爱的人表达敬与爱，却善于向自己所憎恶的人表达憎与恶，然而胆子并不大。我虽然很执拗，却又常常否定自己。否定自己既痛苦又快乐，我就生活在痛苦与欢乐的交织网里，总也冲不出去。在事业上，人家说我是敢于拼搏的强者，而在复杂的人际关系面前，我又是一个心无灵犀、半点不通的弱者。因此，在生活中，我是交替扮演强者和弱者的角色。

2. 自我介绍的技巧

王景愚的自我介绍很有技巧，给人留下了良好的、难以忘却的第一印象。而这正是自我介绍要达到的目的。那么，自我介绍的说话技巧有哪些呢？

（1）说好一个"我"字。自我介绍少不了说"我"，如何说好这个"我"字关系到别人对你产生什么样的印象。有的人自我介绍时，左一个"我"怎样怎样，右一个"我"如何如何，听众满耳塞的都是"我"字，不反感才怪呢。还有的人"我"字说得特别重，而且有意拖长，仿佛要通过强调"我"来树立自己的高大形象。更有甚者，有的人说"我"时神态得意扬扬，目光咄咄逼人，大有不可一世的气势。这种人的自我介绍不过是孤芳自赏罢了，只能给人留下骄傲自大的印象。

要给人良好的第一印象，就应在关键的地方以平和的语气说出"我"字，目光亲切，神态自然，才能使人从这个"我"字里，感受到一个自信、自立而又自谦的美好形象。

（2）独辟蹊径。自我介绍时，人们往往是先报姓名，然后说工作单位、职业、文化、特长或兴趣等，不免千篇一律。这样的介绍在人们心目中的印象平平。而王景愚独辟蹊径，他运用对立统一的原则、一分为二的观点，联系自己职业特长，实事求是地评价自己，语言质朴、活泼，无哗众取宠之心，很容易为对方接受，所以给人留下的印象是良好而深刻的。

由此看来，自我介绍独辟蹊径，是指从独特的角度，选择使对方感到意外、又觉得顺其自然的内容，采用活泼的语言把自己"推销"给别人。而绝不是指那种借助别人威望给自己贴金的介绍，也不是指那种靠"吹"来取悦对方的介绍。那些人介绍自己时常说："×× 副市长，是我的老朋友……""你知道省里著名的 ××× 专家吗？我们曾住在一栋宿舍里……""我对 ×× 问题很有研究。昨天我收到了 ×× 杂志的约稿信……""我叫 ×××，厂先进工作者。别看是个小厂，可是 500 人里选 5 个，也算是百里挑一吧！"这样的自我介绍给人的印象也许是深刻的，但决不会是良好的。

（3）巧报"家门"。自我介绍少不了"自报家门"，为了使对方听清自己的准确名字，往往要对"姓"和"名"加以注释，注释得越巧，人们得到的印象就越深刻。对姓名的注释不仅可以反映一个人的文化水平、性格修养，更能体现一个人的口才。

歌剧《江姐》中，匪兵把一个老头当成"江队长"抓来了。老头为了替自己辩解，便只好把姓名说个明白："我不是江队长，我是蒋对章。蒋委员长的'蒋'，冤家对头的'对'，签名盖章的'章'，蒋对章嘛！"他的这种注释虽不免迂腐，但至少有两个好处：一是说清了，二是使人忘不了。

有一位青年叫陈逍遥，他曾这样自报家门："我姓陈，耳东'陈'，逍遥法外的'逍遥'……"这位青年对于自己姓名的注释实在太不高明，如果说成"逍遥自在的'逍遥'"，该多好啊！有位青年叫聂品，他介绍自己很有风趣："我叫聂品，三只耳朵，三张口，就是没有三个头……"这样一说，"聂品"这个名字就深深扎在对方的记忆里了。

3. 求职面试时的自我介绍

职业中学的学生还特别要注意在实习应聘时，面对用人单位的自我介绍。这里提出三点注意事项，以供参考。

（1）自我认识。如果希望一矢中的，必须首先认清自我，明白你现在是干什么的？你将来要干什么？你过去是干什么的？这三个问题不是从过去到现在再到将来，而是从现在到将来再到过去。因为如果你被雇用，用人单位选中的是现在的你，他希望利用的是将来的你，而这将来又由你的历史和现状决定。

因此，第一个问题："你现在是干什么的？"回答这个问题时，你应当明白你是你自己，不是别人。因此，要注意与别人区别开来，在共同点的基础上更强调不同点，否则你很难在众多的应征求职者中夺魁。对于这第一个问题，自我反省越深，自我鉴定就越准确，成功。

第二个问题："你将来想干什么？"无论你申请的是什么样的工作，用人单位都会关注你对未来的自我设计。你的回答不能空洞、幻想，而要具体、合理，与你现在的身份相符合，尽量有一个更别致的风格。

最后一个问题："你过去是干什么的？"虽然你的履历已反映出了你的过去。但你在面试中还是会涉及这一问题，千万不要轻描淡写，不要抖落一个与你的将来毫不相干的过去。

用这样的方法，以现在为出发点，以将来为目标，以过去为明证，最重要的是加深了你的自我分析和理解。

（2）投其所好。在清楚的自我认识后，也许你有众多的优点、宏大的理想，但只有短短几分钟，所以一切都要围绕应聘公司或岗位要求来进行。如果是一家电脑软件公司，应说些电脑软件的话题；如果是一家金融财务公司，便可以跟他说钱的事；如果是旅游服务公司，就说说名胜古迹；如果是烹饪服务，就说点菜及食谱之类的……总之，投其所好。但有一点必须谨记：话题所到之处，必须突出自己对该公司可以作出的贡献，如增加营业额、降低成本、发掘新市场、开拓新品种等。

（3）整理思路。你众多的优点、宏大的抱负、绝妙的主意是否能抓住听众的注意力，打动用人单位的心，全在于你表达的切入点。所以，整理好表达的思路就显得很重要。将你最希望对方欣赏你的事情放在开始，那些事情一般也是你最得意、感触最深的事情。与此同时，可呈上一些有关的作品或纪录增加印象分。

（二）他人介绍

他人介绍是经第三者为彼此不相识的双方引见、介绍的一种介绍方式。他人介绍通常是双向的，即将被介绍者双方各自均作一番介绍。

1. 他人介绍的时机

（1）与家人外出，路遇家人不相识的同事或朋友。

（2）本人的接待对象遇见了其不相识的人士，而对方又跟自己打了招呼。

（3）在家中或办公地点，接待彼此不相识的客人或来访者。

（4）打算推介某人加入某一方面的交际圈。

（5）受到为他人作介绍的邀请。

（6）陪同上司、长者、来宾时，遇见了其不相识者，而对方又跟自己打了招呼。

（7）陪同亲友前去拜访亲友不相识者。

2. 他人介绍的礼仪规范

（1）介绍人。由谁做介绍人是进行他人介绍的首要问题。一般在公务交往中，介绍人应由公关礼仪人员、秘书担任；在社交场合中，介绍人则应由女主人或被介绍的双方均有一定交情者充任。

（2）被介绍者的先后顺序。当面临他人介绍时，先对谁进行介绍，或者说谁是第一被介绍的人，对介绍人来讲，是一个重要的问题。礼仪规定：尊者有权先了解情况，因此，男士应被介绍给女士、晚辈应被介绍给长辈、下级应被介绍给上级、客人应被介绍给主人、迟到者应被介绍给先到者；熟悉的人介绍给不熟悉的人，把未婚者介绍给已婚者，把家人介绍给同事、朋友。

（3）介绍的内容。在进行他人介绍的时候，到底哪些内容是可以介绍的呢？大体与自我介绍的内容相仿，可酌情在三项要素（被介绍人的姓名、单位、工种）的基础上进行增减。但如果介绍人把被介绍人不希望被别人了解的内容介绍了出来，一定会令人反感，让人感到尴尬。因此，作为第三者介绍他人相识时，要先向双方打一声招呼，让被介绍的双方都有所准备。

3. 他人介绍的语言技巧

（1）内容选择：

①选择双方感兴趣的内容。只有选择双方都感兴趣的内容进行介绍，才能引起重视，也才能促使双方相识。如果你把一位教师这样介绍给一位生意人："她叫×××，是位教学经验丰富的教师。"这位生意人一定会表现出冷淡，也引不出双方交谈的话题。但是你如果对这位生意人说："×××是位教师，她丈夫是××贸易公司的经理。"这样介绍选择了对方感兴趣的内容，便搭起了双方结识的桥梁。

②介绍特长，促使了解。介绍的内容除姓名、工作单位等以外，还应根据被介绍人的情况有所侧重，千万别忘了介绍别人的特长，如"这是×××，我们单位的'歌坛新秀'。""×××曾是市里乒乓球赛冠军，现在仍不减当年。有机会的话你俩可以比试比试。"这种介绍对促进双方了解、建立友谊是非常有益的。

③给予评价，促进合作。给被介绍的人作一个简单、中肯的评价，也是比较好的介绍方法，如"×××在《楚辞》方面很有些见地，写过好几篇文章，希望你们能合作。""××同志乐于助人的美德尽人皆知，他会给予你热情帮助的。""你俩都是搞企业管理的。据我所知，王先生在这方面是个行家，外号'管理通'。你们一定会谈得很有收获的。"这种评价式的介绍，能使对方产生良好印象，从而奠定知识的基础。

（2）形式的选择：

①直接陈述。介绍他人往往只用三言两语就要画出一个人的轮廓，因此，要避免拐弯抹角故弄玄虚，而宜用简明的语言直接陈述，如"这位是我的朋友老刘，搞建筑设计的。""这是××同志，很会讲笑话，同他交谈你会感到快乐的。"

②征询引见。除了直接陈述外，介绍他人还可采用询问句，如"刘××同志，我可以介绍张××同你认识吗？""××同志，你想了解××产品的销售情况吗？这是××公司业务员小赵，他会给你满意的答案的。"采用先征询意见，得到同意后再引见的介绍方法，不仅能显示出你对他人的尊重，而且询问句的语调会给人一种亲切感，易于让对方接受。

③肯定推荐。介绍内容决定了我们在推荐对方时常常采用肯定句的形式。因为一个人的姓名、职业等是客观存在的，不容置疑。如果你在介绍别人时说话含糊其辞、模棱两可，甚至否定人家的某些优点，那是很不礼貌的。

议一议

（1）坐火车旅行，邻座有一个年龄相仿的男孩（女孩），你们开始攀谈，你会怎样介绍自己？

（2）坐火车旅行，邻座有一位慈祥的老奶奶，她很关心你，你们开始攀谈，你会怎样介绍自己？

（1）你是学生会干部，老师让你到附近学校去，与该校学生会联系准备组织一次活动，你会怎样向该校门卫介绍你自己？

（2）在不同的场合面对不同的对象作自我介绍，需要做怎样的调整？

试一试

（1）邻班有个同学在上次的朗诵比赛中得了第一名，你很喜欢她（他）的朗诵风格，很想认识她（他），但你一时又找不到中间的朋友引见，于是，你决定自己去找她（他）……你会怎样说呢？

（2）你参加了一个为期十天的夏令营，第一天营员见面，带队老师要求大家作自我介绍。你将如何介绍自己呢？

二 面试时的应对

（一）求职面试时的提问技巧

对求职者来说，适当地提问可以让面试者感觉到你对求职的诚心、对单位的热心，有利于求职成功。简单列出以下面试问题，以供参考。

（1）贵公司发展目标是什么？前景如何？

（2）担任该工作需要具备什么条件和特长？

（3）贵公司的用人政策、激励手段和管理方法有什么特色？

（4）贵公司当前和未来发展面临困难有哪些？

提问时，注意以下几点：

（1）不要过多提物质待遇、职位升迁、工作条件等方面的问题。

（2）提问时语气平和、谦虚，不要咄咄逼人。

（3）提问应有主题，不要离题太远，有些无关紧要的小问题还是不提为好。

（4）问题不要一下提得太多，应将有代表性的、重要的问题先提。

（二）面试技巧——经典面试问题的应对思路

看看下面的这些分析，你能不能从中"悟"出面试的规律及回答问题的思维方式，达到"活学活用"呢？

问题一：请做自我介绍。

思路：

（1）这是面试的必考题目。

（2）介绍内容要与个人简历相一致。

（3）表述方式上尽量口语化。

（4）要切中要害，不谈无关、无用的内容。

（5）条理要清晰，层次要分明。

（6）事先最好以文字的形式写好背熟。

问题二：谈谈你的家庭情况。

思路：

（1）对了解应聘者的性格、观念、心态等有一定的作用，这是招聘单位问该问题的主要原因。

（2）简单地罗列家庭人口。

（3）宜强调温馨和睦的家庭氛围。

（4）宜强调父母对自己教育的重视。

（5）宜强调各位家庭成员的良好状况。

（6）宜强调家庭成员对自己工作的支持。

（7）宜强调自己对家庭的责任感。

问题三：你有什么业余爱好？

思路：

（1）业余爱好能在一定程度上反映应聘者的性格、观念、心态，这是招聘单位问该问题的主要原因。

（2）最好不要说自己没有业余爱好。

（3）不要说自己有那些庸俗的、令人感觉不好的爱好。

（4）最好不要说自己仅限于读书、听音乐、上网，否则可能令面试官怀疑应聘者性格孤僻。

（5）最好能有一些户外的业余爱好来"点缀"你的形象。

问题四：你最崇拜谁？

思路：

（1）最崇拜的人能在一定程度上反映应聘者的性格、观念、心态，这是面试官问该问题的主要原因。

（2）不宜说自己谁都不崇拜。

（3）不宜说崇拜自己。

（4）不宜说崇拜一个虚幻的或是不知名的人。

（5）不宜说崇拜一个明显具有负面形象的人。

（6）所崇拜的人最好与自己所应聘的工作能"搭"上关系。

（7）最好说出自己所崇拜的人的哪些品质、哪些思想感染着自己、鼓舞着自己。

问题五：你的座右铭是什么？

思路：

（1）座右铭能在一定程度上反映应聘者的性格、观念、心态，这是面试官问这个问题的主要原因。

（2）不宜说那些会引起不好联想的座右铭。

（3）不宜说那些太抽象的座右铭。

（4）不宜说太长的座右铭。

（5）座右铭最好能反映出自己某种优秀品质。

（6）参考答案——"只为成功找方法，不为失败找借口"。

问题六：谈谈你的缺点。

思路：

（1）不宜说自己没缺点。

（2）不宜把那些明显的优点说成缺点。

（3）不宜说出严重影响所应聘工作的缺点。

（4）不宜说出令人不放心、不舒服的缺点。

（5）可以说出一些对所应聘工作"无关紧要"的缺点，甚至是一些表面上看是缺点，从工作的角度看却是优点的缺点。

问题七：谈一谈你的一次失败经历。

思路：

（1）不宜说自己没有失败的经历。

（2）不宜把那些明显的成功说成是失败。

（3）不宜说出严重影响所应聘工作的失败经历。

（4）所谈经历的结果应是失败的。

（5）宜说明失败之前自己曾信心百倍、尽心尽力。

（6）说明仅仅是由于外在客观原因导致失败。

（7）失败后自己很快振作起来，以更加饱满的热情面对以后的工作。

问题八：你为什么选择我们公司？

思路：

（1）面试官试图从中了解你求职的动机、愿望以及对此项工作的态度。

（2）建议从行业、企业和岗位这三个角度来回答。

（3）参考答案——"我十分看好贵公司所在的行业，我认为贵公司十分重视人才，而且这项工作很适合我，相信自己一定能做好。"

问题九：对于这项工作，你有哪些可预见的困难？

思路：

（1）不宜直接说出具体的困难，否则可能令对方怀疑应聘者不行。

（2）可以尝试迂回战术，说出应聘者对困难所持有的态度——"工作中出现一些困难是正常的，也是难免的，但是只要有坚忍不拔的毅力、良好的合作精神以及事前周密而充分的准备，任何困难都是可以克服的。"

问题十：如果我录用你，你将怎样开展工作？

思路：

（1）如果应聘者对应聘的职位缺乏足够的了解，最好不要直接说出自己开展工作的具体办法。

（2）可以尝试采用迂回战术来回答，如"首先听取领导的指示和要求，然后就有关情况进行了解和熟悉，接下来制订一份近期的工作计划并报领导批准，最后根据计划开展工作。"

问题十一：与上级意见不一致时，你将怎么办？

思路：

（1）一般可以这样回答"我会给上级以必要的解释和提醒，在这种情况下，我会服从上级的意见。"

（2）如果面试你的是总经理，而你所应聘的职位另有一位经理，且这位经理当时不在场，可以这样回答："对于非原则性问题，我会服从上级的意见。对于涉及公司利益的重大问题，我希望能向更高层领导反映。"

问题十二：我们为什么要录用你？

思路：

（1）应聘者最好站在招聘单位的角度来回答。

（2）招聘单位一般会录用这样的应聘者：基本符合条件、对这份工作感兴趣、有足够的信心。

（3）如"我符合贵公司的招聘条件，凭我目前掌握的技能、高度的责任感和良好的适应能力及学习能力，完全能胜任这份工作。我十分希望能为贵公司服务，如果贵公司给我这个机会，我一定能成为贵公司的栋梁！"

问题十三：你能为我们做什么？

思路：

（1）基本原则是"投其所好"。

（2）回答这个问题前，应聘者最好能"先发制人"，了解招聘单位期待这个职位所能发挥的作用。

（3）应聘者可以根据自己的了解，结合自己在专业领域的优势来回答这个问题。

问题十四：你是应届毕业生，缺乏经验，如何能胜任这项工作？

思路：

（1）如果招聘单位对应届毕业生的应聘者提出这个问题，说明招聘单位并不真正在乎"经验"，关键看应聘者怎样回答。

（2）对这个问题的回答最好要体现出应聘者的诚恳、机智、果敢及敬业。

（3）如"作为应届毕业生，在工作经验方面的确会有所欠缺，因此在读书期间我一直利用各种机会在这个行业里做兼职。我也发现，实际工作远比书本知识丰富、复杂。但我有较强的责任心、适应能力和学习能力，而且比较勤奋，所以在兼职中均能圆满完成各项工作，从中获取的经验也令我受益匪浅。请贵公司放心，学校所学及兼职的工作经验使我一定能胜任这个职位。"

问题十五：你希望与什么样的上级共事？

思路：

（1）通过应聘者对上级的"希望"可以判断出应聘者对自我要求的意识，这既是一个陷阱，又是一次机会。

（2）最好回避对上级具体的希望，多谈对自己的要求。

（3）如"作为刚步入社会新人，我应该多要求自己尽快熟悉环境、适应环境，而不应该对环境提出什么要求，只要能发挥我的专长就可以了。"

问题十六：您在前一家公司的离职原因是什么？

思路：

（1）最重要的是：应聘者要使招聘单位相信，在过去单位的"离职原因"在此家招聘单位里不存在。

（2）避免把"离职原因"说得太详细、太具体。

（3）不能掺杂主观的负面感受，如"太辛苦""人际关系复杂""管理太混乱""公司不重视人才""公司排斥我们某某的员工"等。

（4）但也不能躲闪、回避，如"想换换环境""个人原因"等。

（5）不能涉及自己负面的人格特征，如不诚实、懒惰、缺乏责任感、不随和等。

（6）尽量使解释的理由为应聘者个人形象添彩。

（7）如"我离职是因为这家公司倒闭。我在公司工作了三年多，有较深的感情。从去年始，由于市场形势突变，公司的局面急转直下。到眼下这一步，我觉得很遗憾，但还要面对现实，重新寻找能发挥我能力的舞台。"

同一个面试问题并非只有一个答案，而同一个答案并不是在任何面试场合都有效，关键在于应聘者掌握规律后，对面试的具体情况进行把握，有意识地揣摩面试官提出问题的心理背景，然后投其所好。

（1）李小凡和爸爸最近有一点冲突，事情是这样的：小凡是高一年级的学生，酷爱英语，全市中职学生英语比赛获得了第一名。他想进一步学习，想买一台录音机练习发音。爸爸听了不以为然，说："咱能买得起，只怕你偏了科，考不上大学！"父子二人有点僵了。

如果你是小凡的同学、好朋友，仔细考虑一下，去和小凡的爸爸谈一谈。

（2）王磊是农业学校农学专业的一名应届毕业生，他想去一家计算机公司应聘，请你代他准备与招聘者交谈的资料。如果招聘者问他为什么要改行，他该如何回答呢？

第三节

交谈的技巧

问题思考 "与人交谈"，是很多"社恐"人士最大的"恐惧"。如何克服这样的恐惧呢？
1. 如何寻找话题？如何打开切入口？
2. 如何把控交谈时合适的节奏、速度、语调？
让我们一起来寻找答案。

刘大过生日那天，请了好友张三、李四、王五、赵六来做客。张、李、王陆续都来了，可直到开席时，还不见赵的影子。刘大站在门口懊恼地说："该来的还不来！"张三恰好站在他身旁，一听这话，袖子一甩就走了。李四从客厅里出来问刘大："这是怎么一回事？"刘大也感到莫名其妙，着急地说："哎呀！不该走的又走了。"李四一听，也不辞而别。刘大不明究竟，摊开双手对王五解释说："你看，我又不是讲他的。"王五听了，气呼呼地拔腿出了门。刘大更糊涂了，望着满桌的酒菜发呆。这时赵六赶来了，刘大对赵六说："你来得真不是时候！"赵六一听这话，转身也走了。

这只是个笑话，但这个笑话，却提出了许多值得我们深思的问题。

在现代社会里，人与人之间要想圆满地合作，首先应该借助言谈来认识对方、了解对方，同时也要想方设法让对方了解自己。为了使我们所说的话令对方听起来更加动听，更加准确，更加有效地发挥每句话的作用，更加迅速地达到相互了解的目的，因此，我们必须讲究交谈的艺术或者说交谈的技巧。

一 初次见面

（一）选准时机

《红楼梦》中，刘姥姥第一次拜访荣国府时"天未明"就启程了，来到贾府，早饭后见到了专管"周旋迎待"的凤姐。坐下来后，刘姥姥首先表明是来"瞧瞧姑太太、姑奶奶"的，待"心神方定"后，才说明来意。凤姐早已猜着了几分。招待她一餐饭后，把"丫头们做衣裳的二十两银子"给了她。

大凡拜访人，都有着自己的目的。刘姥姥是为了讨银子，结果如愿以偿。这个乡下老婆子实现了自己的拜访目的，其中的奥妙不能不引人思索。

首先，她选择了一个恰当的拜访时间，早饭后无疑是荣国府大忙人凤姐稍事休息的时间。刘姥姥才得以见面。拜访时间的选择对实现拜访目的有很大的影响。一般说来，清晨、吃饭、午休、深夜都不宜登门。

其次，凤姐的心情好，也是刘姥姥实现拜访目的不可低估的因素。由于周瑞家从中周旋，再加上贾蓉来借"玻璃炕屏"时恭维了凤姐几句，她颇有几分得意，正是"得意浓时易接济"。看来，去拜访一个人，不能不考虑对方的心情。主人心情好，你会受到热情接待，也就有利于实现拜访目的。

（二）寒暄应对

这是一种使自己处于有利地位的交谈技巧。客人与主人交谈，首先不要进入实质性的问题，可先谈谈天气，问问主人小孩的学习情况，说说趣闻，关心关心他家老人的健康……待交谈气氛融洽时，也就是双方心理相容时，再慢慢说明来意。这样，定能使你乘兴而来，满载而归。所以说，要想稳操胜券，寒暄是不可少的。

（三）介绍

介绍，是社交中人们互相认识、建立联系的必不可少的手段。介绍，同样要讲究说话艺术。

（略，具体见本章第二节）

二　深入交谈

（一）话题切入

一家旅店里，先生甲悠闲地躺在床上欣赏电视节目，另一个先生乙，放下旅行包，稍拭风尘，冲了一杯浓茶，边品边研究起那位先生甲："师傅来了好久呢？""比这位客人先来一刻。"他边指着旁边正在看书的另一位客人边说。"听口音不是苏北人啊？""噢，山东枣庄人！""啊，枣庄是个好地方啊！我读小学时就在《铁道游击队》连环画上知道了。三年前去了一趟枣庄，还颇有兴致地玩了一遭呢。"听了这话，那位枣庄客人马上来了兴趣，二人从枣庄和铁道游击队谈开了。那亲热，不知底细的人恐怕要以为他们是一道来的呢。接着就是互赠名片，一起进餐，睡觉前双方居然还在各自身边带来的合同上签了字：枣庄客人订了苏南某人造革厂的一批风桶；苏南客人从枣庄客人那里弄到一批价格比较合理的议价煤。他们的相识、交谈与成功，就在于他们找到了"枣庄""铁道游击队"都熟悉的这个共同点。

与人交谈，如果双方感到无话可说，那么交谈也就无法进行。寻找话题，是至关重要的事。因为交谈是双方的，所谈话题就不能一厢情愿，要顾及对方的兴趣，要善于体察对方话中的微妙感情，弄清其真实含义，注意把话题引到对方最感兴趣的问题上来。

寻找话题可以从以下五个方面入手。

1. 察言观色，寻找共同点

一个人的心理状态、精神追求、生活爱好等，都或多或少地要在他们的表情、服饰、谈吐、举止等方面有所表现，只要你善于观察，就会发现你与他人的共同点。

一退伍军人乘客与一陌生人相遇，位置正好在驾驶员后面。汽车上路后不久就抛锚了，驾驶员车上车下忙了一通还没有修好。这位陌生人建议驾驶员把油路再查一遍，驾驶员将信将疑地去查了一遍，果然找到了病因。这位退伍军人感到他的这绝活可能是从部队学来的，于是试探道："你在部队待过吧？""嗯，待了六七年。""噢，算来咱俩还应算是战友呢。你当兵时部队在哪里？"……于是这一对陌生人就谈了起来，据说后来他们还成了朋友。

这就是在观察对方以后，发现都当过兵这个共同点的。当然，这察言观色发现的东西，还要同自己的情趣爱好相结合，自己对此也有兴趣，打破沉寂的气氛才有可能。否则，即使发现了共同点，也还会无话可讲，或讲一两句就"卡壳"。

2. 以话试探，侦察共同点

两个陌生人相遇，为了打破沉默的局面，开口讲话是首要的，有人以招呼开场，询问对方籍贯、身份，从中获取信息；有人通过听说话口音、言辞，侦察对方情况；有的以动作开场，边帮对方做某些急需帮助的事，边以话试探；有的甚至借火吸烟，也可以发现对方特点，打开口语交际的局面。

两个年轻人从某县城上车，坐在一条长椅上。其中一人问对方"在什么地方下车？""到底，你呢？""我也是，你到南京什么地方？"我到南京山西路一亲戚家有事，你就是此地人吧？""不是的，我是来南京走亲戚的。"经过双方的"火力侦察"，双方对县城熟悉、对南京了解，都是找亲戚的共同点就清楚了。两个人发现对方共同点后谈得很投机，下车后还互邀对方做客。

这种融洽的效果看上去是偶然的，实际上也是有其必然性的："火力侦察"，发现共同点，向深处掘进而产生的效应。

3. 听人介绍，猜度共同点

你去朋友家串门，遇到有生人在座，作为对两者都很熟悉的主人，会马上出面为双方介绍，说明双方与主人的关系、各自的身份、工作单位，甚至个性特点、爱好，等等，细心人从介绍中马上就可发现对方与自己有什么共同之处。

一位县物价局的工作人员和一位县中的教师，在一个朋友家见面了，主人把这对陌生人作了介绍，他们马上发现都是主人的同学这个共同点，马上就围绕"同学"这个突破口进行交谈，相互认识和了解，以至变得亲热起来。

这当中重要的是,在听介绍时要仔细地分析认识对方,发现共同点后再在交谈中延伸,不断地发现新的共同关心的话题。

4. 揣摩谈话,探索共同点

为了发现陌生人同自己的共同点,可以在需要交际的人同别人谈话时留心分析,揣摩,也可以在对方和自己交谈时揣摩对方的话语,从中发现共同点。

在广州的某百货商店里,一位在南海舰队服役的军人对服务员说:"请你把那个东西拿给我看看。"还把"我"说成地道的苏北土语。另一位也是在广州某陆军部队服役苏北人。听了前者这句话,也用手指着货架上的某一商品对营业员说了一句相同的话,两句字里行间都渗透着苏北乡土气息的话。两位陌生人相视一笑,买了各自要买的东西,出了店门就谈了起来,从老家问到部队,从眼下任务谈到几年来走过的路,介绍着将来的打算。身在异乡的一对老乡的亲热劲,不知情的人怎么也不会相信是因为对方一句家乡话而造成的结果。

可见细心揣摩对方的谈话确实可以通过找出双方的共同点,使陌生的路人变为熟人,发展成为朋友。

5. 步步深入,挖掘共同点

发现共同点是不太难的,但这只能是谈话的初级阶段所需要的。随着交谈内容的深入,共同点会越来越多。为了使交谈更有益于对方,必须一步步挖掘深一层的共同点,才能如愿以偿。

一个度假的大学生和一位在法院工作的同志,在一个共同的朋友家聚餐,经主人介绍认识后,两位陌生人谈了起来,慢慢地,二人都发现对社会上的不正之风的看法有共同点,不知不觉地展开了讨论。他们从令人发指的社会现象,谈到产生的土壤和根源,从民主与法治的作用,谈到对党和国家的期望。越谈越深入,越谈双方距离越缩短,越谈双方的共同点越多。事后双方都认为,这次交谈对大学生认识社会,对法院同志了解外面的信息和群众要求,增强为纠正不正之风尽力的自觉性都是有益处的。

寻找共同点的方法还很多,譬如面临的共同的生活环境、共同的工作任务、共同的行路方向、共同的生活习惯等,只要仔细发现,与人交谈无话可讲的局面是不难打破的。

(二)语言形式

要具备与各种不同的人侃侃而谈的本领,迅速确定话题之后,就要注意在语速、音量、遣词用句等方面因人而异了。

1. 语速、音量因对方年龄而异

交谈对象可能是年逾古稀的前辈，也可能是几岁的孩童。不同年龄的人有不同的生理、心理特征，我们与其交谈，就应采用不同的语速和音量。对老年人，用较慢的语速、较大的音量与他交谈，能使对方产生被人尊敬的喜悦感；而与小客人交谈，则宜轻言慢语，语调柔和，这样能使小朋友产生安全感、亲切感、信任感。

2. 遣词用句依对方文化水平而别

有位知识分子家来了一位农民客人，主人甚为热情，对来访者也十分客气："听说最近赵公元帅光顾你了。现在你大名鼎鼎，真要刮目相看了。""对于你的生财之道，我不敢班门弄斧，妄加评论，请多多包涵。"主人的这番话只能使那位农民客人莫名其妙，怎能进一步交谈呢？

遣词用句应视交谈对象的文化程度而定，否则，主人接待客人时，说话不看对象，一定会"门前冷落鞍马稀"了。

3. 说话语气依对方的不同目的而变化

拜访主人的客人，往往带着各自不同的目的，主人要善于采用不同语气与他们交谈。

（1）对于前来求助的客人，主人应以体谅对方的心情，站在客人立场说话，语气要平和，给对方一种亲切感、信任感。即使你认为无能为力，也要给客人留一线希望，你可对他说："这个问题我可以去了解一下，只要有可能，我会尽力帮忙的。""你先别着急，一旦有了门路，我就打电话告诉你。"

（2）对于前来提供某种信息的客人，主人则应采用感叹语气，表达自己的感激之情，如"非常感谢！你提供的信息太有价值了！""你可真帮了大忙！谢谢！""真辛苦你了！"

（3）与前来研究问题、商量工作的客人交谈，则宜采用征询、商量的语气，如"你看这样行不行？""是不是还有不妥的地方呢？""对这个问题你的看法是？"

4. 交谈双方距离，依关系、性别而定

人都需要私人空间，而且对入侵这个空间的人都会采取不同方式表示不满。当你友好地将手搭在与你刚认识的人肩上谈话时，即使对方不推开你的手，心里也会对你产生不良印象。当一位异性客人紧挨着你坐下时，你一定会下意识地挪动一下身子。这些现象说明，在社交场合，人与人应保持一定的距离间隔。

在社交场合，人与人身体之间保持的距离间隔，称区域距离。不同的距离包含不同的语义：15~46厘米为密切区域，语义为"强烈、亲密"，近亲和密友可在这个区域交谈；

1.2~1.6 米为个人区域，语义为"亲切、友好"，一般来客适宜在这个区域交谈。至于生疏的不速之客，则宜相距 1.2~2.1 米交谈，这个距离的语义为"严肃、庄重"。当然，即使是比较熟悉的异性客人，也还是应该保持一定的距离。

（三）把握原则

1. 态度真诚

交谈首先要真诚，只有真诚双方才能推心置腹，情感交融。要真诚，就不能油腔滑调，不能恶语伤人，也不能胡乱地恭维、赞美人，那会给人一种虚伪之感。同时，要避免傲慢、冷淡和随便的态度。因为，傲慢会伤害对方的自尊，冷淡让人无法接近，随便会给人一种消极感。

2. 掌握分寸

谈话是两人或两个以上的人互相交流。既然是"交流"，就不可以一声不吭或是滔滔不绝地独自高谈阔论。那些口若悬河、滔滔不绝，说话很少停顿，看似能言善道的人，其实并不懂交谈技巧。假若一直滔滔不绝，往往就没有时间认真思考自己要讲的内容，这就容易讲错话，而且也会因自己的信口开河而让听者怀疑讲话内容的可靠性和真实性。再者，你一个人独占整个谈话时间，而不给对方以发表自己看法的机会，这是对对方的不尊重，同时也会使对方对你的谈话感到厌倦。

一个真正善于交谈的人总是首先对所谈论的问题作一个简短的浅谈，然后问问对方的意见如何（比如"你以为怎样""你的看法呢""你同意这个看法吗"等），把发言权交给对方，自己则作听众。这对自己有两方面的好处：一是给予对方发表意见的机会，让对方觉得受尊重；二是为自己创造一个吸收外界信息的机会。听完对方的意见后，再进一步深入地交换意见。这样的谈话，才是真正的沟通，才能使双方都满意。

3. 以对方为中心

每个人在和他人交谈时都会有一种自我表现的欲望，希望较早较多地把自己的想法或者自己了解的事实告诉对方。所以，很多人会习惯地把自己的思想、经历和感受作为谈话的主要内容，从而很容易给人留下一个自大、自负的印象。而一个自大、自负的人总是不受欢迎的。交谈以对方为取向就是为了不给对方以自大、自负的感觉。

交谈以对方为取向主要可以从三个方面得到体现：

（1）在交谈内容的选择上，以对方感兴趣的话题或者对方的思想、经历和感受为主要谈话内容，尽量少谈自己的思想、经历和感受；

（2）在语言使用上，尽量避免讲"我"，多讲"你"（一般情况下，"我"字可以省略不讲，在无法省略的地方，可以用"我们"代替"我"，而在用"我们"代替可能会引起误解的时候，则"我"字应讲得又轻又快）；

（3）在交谈过程中，适当称呼对方的名字，也会让对方感觉到受尊重和重视。

4. 适当运用赞美、玩笑

谈话中的赞美、闲话和玩笑，就像菜肴中的调料，如果用得恰当，会使谈话增色不少。但如果用得不恰当，就会像一锅粥里的苍蝇一样败坏了整个谈话的情趣。

（1）赞美

赞美的话是人人爱听的，但如果不是在适当的场合用恰当的语言作赞美的话，很可能会弄巧成拙。

赞美要用简洁、明了的语言，而不要用模棱两可的语言。

赞美的语言应尽量平和、朴实，而不要用过于夸张的语言。用过于夸张、露骨的语言去赞美对方，很容易让对方觉得缺乏诚意，甚至虚伪。

不要当着众人的面赞美某个人。当你面对众人赞美其中某一个人时，很可能会伤害在场的其他人，即使你是无意的。只有当你确认你对某一个人的赞美不会伤害在场的其他人时，你才可以当着众人的面去赞美一个人。

（2）玩笑

恰到好处的玩笑可以使谈话变得生动、轻松。但说笑也需要有一定的天赋，能说笑的人往往有很好的记忆能力，听过后就能说；同时，还往往有很好的模仿和表演能力，能惟妙惟肖地模仿别人的声音和姿势，产生幽默效果。如果自觉没有搞笑的能力，还是不要轻易去开玩笑的好，因为你若把一个本应很好笑的笑话说得一点都不好笑，不仅自己会显得很滑稽，还会让很有礼貌的听众强做笑容来回应你的笑话。

开玩笑时，还应注意不能把玩笑变成取笑，也就是说玩笑的前提是不能伤害别人的自尊。

5. 三思而后言

每当说话之前，应对自己所要说的话稍作思考。这里有两层意思，一是知己知彼，即一方面对自己的性格、脾气、心境有个正确的估计，设置自我"警戒线"，同时对对方的个性、爱好兴趣等有个概略的了解。二是对谈话本身有所准备，即谈话的内容、提问的方式，语言、声调等。有些人虽常常参加各种社交活动，但从不注意自己的谈吐，他们常是心不在焉地胡言乱语，从不想想他们在讲些什么、为什么要讲、怎么讲等。讲话不思考、无准备，或文不对题、无的放矢，给人以浅薄之感。比如，一位年轻母亲对坐在她旁边的未婚男青年讲述她婴儿的各种调皮花巧和儿语，使对方十分尴尬；或者是一个青年人不断谈论自己父亲的权势，这不但使听者厌烦，而且会引起对方对其夸耀的对象的反感，反而使其热爱的人的名誉也受到不公平的影响，这实在是得不偿失。

我们常常在谈话中不自觉地犯这种那种错误，碍于礼貌，也不可能有人公开来提醒我们。这只有靠我们自己留心自己的讲话，注意对方的反应，这样才能发现自己不适当的话题和词句。三思而后言就成为我们交谈时的准则。

（1）暑假乘车回家，坐在你对面的是一位同你年龄相仿的异性。经过观察，你发现对方正和你一样：既疲惫得很想打个盹，又担心随身携带的行李出意外。你还发现对方对包括你在内的周围人存有戒心。你准备如何与其交谈，达到彼此帮助照管行李以轮流休息的目的？

（2）某同学只顾打球，老是迟交作业，还总是以老师没有讲清楚、作业太多为借口。如果你是负责收作业的科代表，你打算怎样与他交谈，使他主动合作呢？

演一演

在班里找几位同学，以下面的情节为主线，编写一个简短的小剧本，排练出来在班里表演，请老师和同学发表一下自己的看法。

（1）两位同学在就餐时因为排队问题发生争吵，一位要插到前面，另一位坚决不让，双方互不相让，眼看就要动起手来。你是维持秩序的学生会管理人员，你来进行调解，使要夹塞儿的同学意识到自己的错误，使不让夹塞儿的同学意识到自己的交谈方法有待改进。

（2）你是一名推销地图的推销员，专门上门推销，努力让顾客接受你的意见并顺利地完成销售，而对方则提出百般理由不肯买，看看谁说服谁？

第四节

当众讲话的心理与技巧训练
——教你完成一次自己的演讲

问题思考
1. 你知道声调在语音中有什么作用？
2. 你发现普通话的声调在实际运用中有变化吗？
3. 你能否准确听辨并读准声调？

让我们走进一次完美的演讲流程。

一 勇敢站上讲台

（一） 打开你自己

如何才能流畅自如地说出你心中所想呢？

当你需要完整、清晰地表明你的观点的时候，你首先应该做什么呢？打开你自己！

现在，请你集中全部的注意力，全情投入，一起来开启自我体验之旅，增强对自我的觉察，调整好心态。让自己在当众讲话的时候，不再那么紧张；不怕别人的注视，也敢在讲话的时候注视听众；正视自我，无论好的或者不好的地方，都能够自如地站在舞台上。

跟老师一起完成下面的练习。

【练习一】镜窥全身

要求：

（1）在墙上有全身镜的形体教室进行。

（2）12~14人为一组。

（3）活动流程：

安静地凝视镜中自己的外表，看着自己的眼睛思考以下问题：

（1）欣赏你自己的身体吗？理由有哪些？最不喜欢的地方是哪里？

（2）你觉得谁的外形是你最欣赏的？站在他的旁边会不会有压力？可以尝试接纳或接受吗？

【练习二】深情对视

要求：

（1）整个活动分三轮进行，每轮各五分钟。

（2）12~14人为一组。

（3）所有学生均分两列，对面站立。两两相对注视对方。

活动流程：

（1）第一轮：分两列站立，互相对视，看学生各自的表现。

（2）第二轮：分两列站立，互相对视，不讲话，双手放置身体两侧。

（3）第三轮：安静地用眼神交流，注意自己肢体位置，调整到最自然、放松的状态。

然后用愉快的声音跟对方打招呼："嗨，你好！"对方做相应的回答。

（4）以小组为单位集体讨论刚才"对视"的感受：

①你习惯于看别人或被别人看吗？

②心态与体态是如何进行调整的？

③你认为自己可以跟对方进行非语言信息交流吗？

【练习三】"我知道他是谁"

要求：

（1）以小组为单位活动。

（2）让自我介绍更有魅力并且给人留下深刻的印象。

活动流程：两人一组互相介绍→小组内介绍他人→小组讨论。

（1）两人一组，互相自我介绍。（每人三分钟）

自我介绍内容如下：

①基本资料：如姓名、年龄、家庭状况。

②三个"最"：如最喜欢的事、最讨厌的事、最得意的事。

（2）回到小组围成圆圈，介绍朋友。向大家介绍刚才认识的朋友，由被介绍者再作补充。

（3）小组讨论刚才的经验与感受。（约十分钟）

①你欣赏他（她）的地方有哪些？认为自己有待改进的地方有哪些？或者他（她）不足的地方有哪些？

②感受在介绍别人时候的心理体验，表述时自己做得最好的地方。如果可以重来一次你会改进的地方？

……

（二）开启你的肢体语言

人与人之间信息的沟通，38%是靠讲话来完成的，其余62%是通过肢体语言来完成的。手势、表情、身体动作、眼神，又被称为体态语。站在台上，你是不是一个"放得开手脚"的人？你能否运用恰当的肢体语言，来为你的内容增色？

【练习四】自由体操

要求：

（1）以小组为单位活动。

（2）6~8人为一组。

活动流程：

（1）第一轮：各组成员轮流上台，边喊口令边做广播体操。通过大幅度地打开肢体变得敢于面对注视，增强临场体验。

（2）第二轮：每组选派一名组员出来担任监督员。

①所有小组排纵列排好，队列的最后一人到老师处，老师向各组来的成员宣布一个数字。

②小组成员回队后，必须把这个数字通过肢体语言向前一个队员进行表达，依次让全部组员都知道，并且让小组的第一个队员将这个数字写到讲台前的黑板上。注意，全过程不允许说话，也不可以仅仅使用小臂以下或者用手指在空中画出数字。

③数字可以是三位数，也可以有小数点，各组的数字不同。可以以比赛的形式进行。

（3）小组讨论刚才的经验与感受。

①能不能做下来？

②能不能在这么多人前放开手脚？

③肢体灵活度与内心体验的匹配程度如何？

二　准备一场个人演讲

（一）讲话的思路和结构

讲话需要一个开场、一个中间部分和一个结尾。这样的安排可以达到你想要的最佳效果。你需要用你的专业知识、你的真知灼见把这三个部分充实起来，通过他们，你可以与人分享你的思想、情感。你需要对话题充满激情，这样你内在的热情也会感染听你说话的人，加快你们之间的相互呼应。所有这一切都是从安排讲话的结构开始的。

1. 结构

一般讲话的结构如下：

（1）开始部分。三句话之内告诉听众你准备讲的是什么。

（2）中间部分。说明要点，详细解释、阐明每一点：

①你想让你的听众从你的讲话中得到什么？

②根据你自己的研究，你能给予听众什么事实？

③你讲给他听的是你特有的经验与理解吗？

（3）结尾部分。强调或总结你的话，再次告诉听众你讲了什么，用一句或两句话概括。

2. 思路

即兴演讲各个层次的提示信号如下：

（1）开始部分：

①喂，请注意！（开头就激起听众的兴趣）

②为什么要费口舌？（强调指出演讲的核心内容）

（2）中间部分：

③举例子。（用具体事例形象化地将一个个论点印入听众的脑海里）

④怎么办？（具体讲清大家该做些什么）

（3）结尾部分

⑤最后再说一遍……（强调演讲核心内容）

这五个层次，既可做演讲前构思的启发，又可做演讲过程中思路线索的提示；既可以预防"放野马"式的信口开河，又有助于较好地表达题旨。要以积极的姿态对待即兴演讲。要相信自己的讲话会对大家有所启发。自卑心理是即兴演讲最大的心理障碍，必须消除。

（二）当众讲话必须提前思考的问题

（1）听众是谁？

①他们在想什么？

②他们读过什么书？

③他们去过什么地方？

④他们看重的东西是什么？

（2）准备过程中，我必须能够做出肯定回答的问题：

①我想要讲的内容恰好是听众此刻最感兴趣的话题吗？

②我相信我讲的内容一定会引起听众的兴趣吗？

③我所讲的内容是我自己的真切感知、感受，是我发自肺腑的声音吗？

④我已经为这次讲话做了很认真的准备吗？

⑤我已经将我的讲话提纲烂熟于胸了吗？

【练习五】

（1）选择一个你熟悉并能加以解释的话题。例如：

这个城市很美丽，是我比较喜欢的地方。

我喜欢的一道菜。

我克服自卑的办法。

我喜欢的课程。

我觉得方便又无害的减肥方法。

我最向往的地方。

在我生命的最后一天，我会……

如果可能的话，我希望我生活在（时间、空间）……里

……

（2）选择你的一个听众：朋友、同学、亲戚或伙伴。

（3）选择讲话的时间、地点：在吃午饭或晚饭的时间，在教室或操场。

（4）构思并列出你讲话的提纲，列出各要点及其支撑材料。

（5）计划你的开场语。

（6）对着提纲反复练习。

（7）把你的讲话录音。

（8）反复听自己的讲话录音，听听讲得是否明白，你所讲的内容是否重要，是否能打动你自己。

（9）正式做一次讲话，录音。

（10）听录音，给自己的讲话做一个评价。

CHAPTER 6
第 六 章
职场情景会话训练

学习指导

　　如今，人与人之间的交流日益频繁，中职学生需要在掌握标准普通话语音的基础上，兼具流畅的语言表达能力，从而让自己在激烈的职场竞争中更具优势。

　　在这一章，我们就中职学校常见专业需要涉及的职场，选取一些常见的情境，编排会话情节，方便同学们进行口语模拟训练，并且借此对职场岗位流程有一定的了解，为未来的求职道路打下坚实的基础。

　　让我们一起来完成以下学习任务吧。

学习目标

1. 学习基本日常交际、礼貌用语训练。
2. 进行旅游、商贸、护理、幼教等职场情景口语训练。

第一节

礼貌用语　交际的润滑剂

（一）问候语

您好。

你好。

早上好。

晚上好。

好久不见，最近好吗？

（二）祝贺语

恭喜你！

祝贺您！

祝你节日快乐！

祝你生日快乐！

祝您健康愉快！

（三）告别语

我先走了，再见。

明天见。

祝你一路平安。

有机会再来玩儿。

请您走好。

（四）征询语

您有什么事情吗？

我能帮您做些什么吗？

需要我帮忙吗？

您还有别的事儿吗？

如果您不介意的话，我可以……吗？

劳驾，可以帮我一下吗？

（五）应答语

没关系。

不必客气。

不用谢，这是我应该做的。

照顾不周，请多多包涵。

我明白了。

非常感谢。

谢谢您的关照。

（六）道歉语

实在抱歉，给您添麻烦了。

对不起，请原谅。

失礼了，真不好意思。

这事我也不太清楚，等我问清楚，再告诉您。

以上常用语句只是选取了生活中的一部分，同学们可以在生活中随时注意，有意识地规范自己的普通话。

第二节

旅游行业　热情周到言语轻

（一）宾馆服务岗位上常用到的话

（1）先生，早上好，欢迎光临我们宾馆。

（2）能为您做点什么?

（3）先生,您预订过房间吗?

（4）您打算住多久?

（5）你们一行有多少人?

（6）您要什么样的房间?

（7）我们有单人房、双人房、套房以及总统级豪华套房。

（8）抱歉,我们的单人房都客满了,您要不要一间双人房?

（9）我会为您安排好的。

（10）您有身份证明吗?

（11）我可以看一下您的护照吗?

（12）请您填写好这份表格,行吗?

（13）您忘了填写您的护照号码。

（14）您的房间号码是1220,这是您的房间钥匙。

（15）我来帮您把行李搬到房间去。

（16）这是您的行李吗?

（17）请这边走。

（18）希望您在我们宾馆过得愉快。

（19）请别客气。

（20）非常高兴为您服务。

（二）宾馆前台的一段对话

A：先生、夫人,晚上好,欢迎你们来我们假日饭店。我能帮什么忙吗?

B：我想要一个房间住几天。

A：先生,您想要什么样的房间?

B：你们都有些什么样的房间?

A：我们有单人房、双人房、套房和豪华套房。

B：我想要一个套房。如果可能的话,我希望是安静点的房间。

A：没问题,先生,您就住102号房间吧。

B：好极了。顺便问一下,每天多少钱?

A：每天198元,包括服务费及税金。

B：行,我订下了。

A：先生,请出示一下您和夫人的护照,并填写这张旅客登记表,好吗?

B：当然可以。

A：您打算住多久？

B：大约十天吧。

A：好的。这是您的房卡。请把它交给楼层服务员，她会替您安排好其他事宜的。

B：谢谢。

A：先生，您和夫人还有行李吗？

B：有，两只皮箱。

A：我马上安排行李员把您的行李送到房间去。

B：非常感谢您，小姐。

A：不用客气。愿您在我们饭店过得愉快。

（三）导游岗位上的对话

1. 问地址

A：小王，你家住哪儿？

B：我家住平安路快乐大街风景小区5栋20层7号。

A：看来你住的是高层建筑啊！

B：是的！是新修的住宅小区。

A：你家里看到的景色如何？

B：我的主卧室朝北，可以看到长江。

A：那好哇！是江景房啊。

B：嗯，我也很满意。老黄，您家住哪儿？

A：我家住龙华小区。

B：也是高层建筑吗？

A：是！

B：几间一套的？

A：两间一套的。

B：是哪栋楼？

A：8栋12楼。

B：几号啊？

A：5号。

B：哦，那地方不错吧？

A：是的，欢迎你到我家来玩。

B：好，有时间一定去。

2. 游公园

A：今天，我们上哪儿去玩儿？

B：到花卉公园吧！

A：好。

D：（到了公园）嚯，到这里来的人真不少哇！

C：这里有湖有花，空气清新，很适宜休息和游览。

B：（看公园介绍牌）哦！原来今天有各国的国花展览啊！

A：来来，咱们站在湖边，以柳树和湖水为背景留个影吧。

（照完后）

D：我们上观景亭去看看，怎么样？

B：好，看谁先上去！

C：嗬！好高啊！

D：哎呀！这里好高哇！你看，那边是什么地方？

C：好壮观哪！咦，那边到底是哪儿啊？

A：那就是公园大门啊。

D：这个公园还不小哩！

C：（转身看后面的景色）这又是哪儿呢？

A：是各国国花展览区，我们马上就往那里去。

D：那就快走吧！我们可以多拍点照片啊！

3. 吃小吃

A：昨天晚上睡得好吗？

B：睡得可好了，要不精神怎么能这样好呢？

A：那我带你去吃重庆小吃，怎么样？

B：好啊，我早就听说重庆小吃很有特色，有川北凉粉、酸辣粉、担担面、吴抄手……

A：那我们这就去吧。

B：嚯，那么多人排队呢？

A：那是买卤肉、板鸭的。我们到拐角的那家小店去吃吧，那里挺干净的。

4. 参观博物馆

A：同志，请问门票多少钱一张？

B：成人 40 元，凭学生证购买学生票 10 元。

A：好，请买两张成人票，一张学生票。

B：请拿好，请到入口处检票。

（进入博物馆后）

A：讲解员，请给我们介绍一下，好吗？

B：好的。

中国重庆三峡博物馆展厅面积为 23 225 平方米，共有 10 个展厅，分为 4 个基本陈列厅和 6 个专题陈列厅。4 个基本陈列有"壮丽三峡""重庆城市之路""抗战岁月""远古巴渝"。这 4 个基本陈列厅的参观时间就要花两个半小时。6 个专题陈列厅有"汉代雕塑""历代瓷器""历代书画""李初梨捐赠文物""历代钱币""西南民族民俗风情"。此外，还有反映三峡人文风光的 360 度环幕电影、"重庆大轰炸半景画"，以及 1 个国际学术报告厅、1 个观众实践中心和 3 个临时展厅。你们想参观哪些内容呢？

A：我们是从长寿来的，虽然也是重庆人，但对重庆的历史还不太了解，那我们就先参观基本陈列厅吧？

B：好的。我建议你们去看看"重庆大轰炸半景画"，它利用了现代高科技，集声、光、色为一体，主要再现抗日战争时期重庆作为战时陪都遭到日机长达数年大轰炸的悲壮和惨烈，以唤起人们对和平的追求与向往。

A：好啊，对我们也是很好的教育，在几楼呢？

B：在三楼，请跟我来吧。

第三节

销售岗位　言语沟通重在心

商场里经常听到的话：

（1）（先生、女士、老人家）您好！

（2）节日（周末）好，欢迎选购，请随意挑选。

（3）请问，您要的是这一种吗？

（4）请稍候，我马上给您拿。

（5）我们马上下班了，请您明天再来。

（6）请原谅，我没找到您需要的商品。

（7）这个问题我不太清楚，可以帮您问一下。

（8）请不要客气。

（9）没关系，这是我应该做的。

（10）别客气，很高兴为您服务。

（11）我们是无烟商场，请不要在这里吸烟。

（12）请对我们的服务提出批评意见。

（13）谢谢您提醒，我们一定改进。

（14）请保管好随身携带的物品。

（15）（进超市）这东西不能带进去，请寄存。

（16）为保障消费者的合法权益，请保留好您的购物凭单。

（17）请慢走，欢迎您再来购物。

（18）老人家，请慢走，小心您的东西。

（19）谢谢光临，再见！

（20）是新产品，使用更方便。

第四节

白衣天使　朴实温婉最重要

（一）护士查房

A：请大家回到自己的床位，一会儿就开始查房。

B：护士，今天刘大夫来吗？

A：您放心，刘大夫、王大夫都会来。

C：老爷爷，今天好些了吗？

B：好些了，没有昨天那样疼了。

A：请将体温表放在腋下，5分钟后我来取。

C：这是您今天早晨的口服药，一定要在饭前服用啊！

B：护士，我今天还要输液吗？

C：是的，（拿出液体）医生给您开了三瓶液体，您看，今天扎左手还是右手？

B：都可以。

C：左手吧。昨天扎的右手，您不是说吃饭、拿东西不方便吗？

好，握紧拳头……放松。请尽量平放您的左手，输液过程中，如果有头疼、心慌等情况，请按铃，我们会及时来为您处理。

B：谢谢！我想问一下，什么时候能订餐？

A：大概 10：00 钟有专门的人员负责来病房登记预订，他们还可以根据您的病情为您配制套餐。

B：那太好了。你们想得可真周到啊！

A：为病员的健康服务是我们的职责。

（二）医院里常用到的话

（1）请问，你挂什么科？

（2）专家门诊 10 元，普通门诊 5 元。

（3）这是病历本，请拿好。

（4）我们马上派救护车去，请同我们保持联系。

（5）这种药没有了，您请医生另开一种药吧。

（6）这是您的药，请清点一下，装在这个袋子里。

（7）请把病历本递给我。

（8）您的口服药，请一定在饭前服用。

（9）您的病情不宜吃辛辣食物，订餐以清淡食物为主。

（10）液体要输完的时候，请按铃，我们会为您更换。

（11）这是您住院期间的每日清单，请您收好。

（12）请把体温计放在您的腋窝里，过 5 分钟后取出来。

（13）请吸气。

（14）请深呼吸。

（15）请家属不要与病人长时间交谈，医生嘱咐她需要静养。

（16）我按住的地方您觉得痛吗？

（17）医生查看了您的血糖检查结果，要求给您打胰岛素。

（18）化验结果出来了，请拿好化验报告单。

（19）医生说您可以下床活动了，每天一到两小时。

（20）您出院以后，我们会电话随访，请您有什么需要一定告诉我们。

第五节

银行柜台　清晰精准是原则

（一）柜台窗口的对话

A：同志，您好，请问您要办理什么业务？

B：我想存款。

A：请问，您是办理活期存款还是定期存款？

B：定期存款最短时间是多少？

A：3个月。

B：如果我在3个月内急需用钱的话，能否提前取出来？

A：可以。不过，您的存款利息要按活期存款利率计算。

B：那请帮我办理活期存款吧！

A：好的，请先填写存款凭条。

B：这个"交易日期"怎么填？

A：那是银行填写部分。您只需在"储户填写的表格"内填写就可以了。

B：噢，我明白了。

A：柜台上给您准备了钢笔。

B：好的，谢谢！

A：填好后，请把单据给我。

B：给！

A：请稍等！好了，这是您的凭条存根，请拿好。

B：谢谢，再见！

A：请慢走。

（二）常用工作用语

（1）您好，欢迎您来办理个人储蓄业务。

（2）储蓄品种有活期储蓄、定期储蓄、定活两便储蓄等。

（3）先生，您是新客户，请先填写一张开户单。

（4）请输入您的密码，密码是六位数。

（5）柜台上有钢笔和墨水，请您用钢笔填写凭条。

（6）请问，您办理活期存款还是定期存款？

（7）个人参加储蓄，存期越长，利率越高，利息收入就越多。

（8）请当面点钱，当面辨伪，离柜不再认可！

（9）请稍等，我马上给您计算利息！

（10）抱歉，现在电脑出故障了，您稍等一下好吗？

（11）请您拿好，这是您提取的 1 万元人民币。

（12）您的存款已经办理完毕，请妥善保管存折。

（13）这是银行个人储蓄的宣传单，送给您。

（14）办理挂失手续，请带上身份证。

（15）办理信用卡，可以让您的生活更方便、实用、可靠。

（16）储蓄卡可以代发工资，代收各类公用事业费，给您带来极大便利。

（17）您可以在各联网城市的 ATM 机、CDM 机、多媒体自动查询终端和自助银行使用信用卡。

（18）住房贷款最长还款期限是 30 年。

（19）您要有稳定的收入才能办理住房贷款。

（20）您已向银行贷款 3 万元，而且没有还清，现在我要请示行长以后才能给您办理续贷。

第六节

学前教育　选词用句是关键

（一）课堂上的情景

1. 小豆豆回家

师：宝贝们，你们听一听，老师的罐子里面是谁在唱歌？

生：是小石头。

生：是玉米粒。

生：是大米粒。

生：是糖。

师：那让我们来看看他们到底是谁？（老师逐一打开罐子，并拿出来展示）

师：你们认识它们吗？它们都穿着什么颜色的衣服？

生：是黄豆，它穿着黄衣服。

生：是绿豆，穿着绿衣服。

生：还有穿着红衣服的红豆。

师：今天我们要给它们找一个新家，不要挤在一起了，请宝贝们帮助它们，好吗？

生：好。

师：这里有三座房子，是豆豆们的新家，是什么颜色的？

（教师出示三种贴有黄、红、绿颜色标记的罐子）

生：黄色、绿色、红色。

师：请你来猜一猜，这会是哪种豆豆的房子呢？为什么？

生：黄豆住在黄房子里。

生：红房子是红豆的家。

生：绿豆应该住在绿房子里。

师：宝贝们很想帮助小豆豆们回家，还有一个朋友也想帮助豆豆回家，你们看是谁？

（教师出示筷子）

生：是筷子。

师：大家想一想，它们会怎么帮助豆豆们回家呢？

生：把小豆子夹住就可以把它们送回家了。

师：好，让我们一起送小豆豆回家吧。送完了，请大家告诉老师或者你的好朋友，"我送了×颗×豆住进了×颜色的房子里"。

师：今天，在宝贝们的帮助下，黄豆、红豆、绿豆们都找到了自己的新家，它们真高兴，不信，你们摇一摇彩色的房子，它们在唱歌呢！

2. 找春天

师：小朋友，刚才我们去找了春天。那你们找到吗？

生：找到了。

师：那就请你们来说说。

生1：老师，柳树发出新芽了。

师：是的，我看见了。

生2：老师，桃花开了。

师：对。

生3：老师。小草绿了。

师：不错，小朋友，你们能不能把刚才说的句子更长一些呢？比如，柳树发出嫩绿的新芽。

生1：老师，我来说，粉红的桃花开了。

生2：老师，我也会说，遍地的小草绿了。我还闻到了小草的香味呢。

生3：老师，春天到了，小鸟又会出来唱歌。

师：小朋友们说得真好。是的，春天的变化是可以看到、可以闻到、可以听到的，你们想知道老师找的春天吗？

生：想。

师：我找到的春天是我看到小朋友们脱去了厚厚的棉衣，在春天的阳光里快乐地玩耍。今天，我们一起把找到的春天画下来，好吗？

生：好。

3. 好玩的瓶子

师：小朋友，这些瓶子是我们吃完口香糖的空瓶子，你们想玩这些瓶子吗？

生：想。

师：好，请你们试一试，怎样可以让这些瓶子发出声音？

生1：老师，敲地上可以发出声音。

生2：敲桌子可以发出声音。

生3：拍它也可以发出声音。

师：哦，小朋友想出了这么多的办法让小瓶子发出了不同的声音，真好听。这些声音都是通过瓶子和我们的手、桌子、椅子、地上碰撞后发出的。那你们再来试试，瓶子不和任何东西接触还可以发出声音吗？

生：放东西在里面可以发出声音。

师：是的，但如果里面不放东西，还可以发出声音吗？请小朋友试一试。

生：（做各种尝试）老师，好像不行。

师：好，让我来试一试吧。（打开瓶盖、关上瓶盖——"啪"）

生：哇，原来这样也可以发出声音呀。（幼儿效仿）

师：好，现在我们把瓶子里装上小豆子，让它变成能发出声音的小乐器吧。

生：（幼儿往瓶子里填充豆子）

师：好，让我们跟随音乐节奏，摇响我们制作的小沙锤吧。

（二）日常工作中的对话

1. 电话家访

师：轩轩爸爸，你好，我是李老师。

家长：你好。

师：关于轩轩的一些情况，我想和您沟通一下。

家长：好的。

师：轩轩是个很乖巧、很聪明的孩子，但我发现他胆子很小，遇到事情很喜欢哭。

家长：是这样的，可能是因为轩轩长期和妈妈在一起的原因吧。

师：是的，我和轩轩妈妈也有过沟通。但我希望您能抽时间多跟孩子在一起，培养他的男子气。轩轩跟我说过，他喜欢和爸爸一起玩。

家长：谢谢老师，我今后会注意的。

师：好，谢谢你的支持。再见。

家长：再见。

2. 常用工作用语

（1）××小朋友，早上好!

（2）小朋友们在攀爬的时候，一定要注意安全!

（3）请小朋友们收拾好玩具，洗手后回到座位，准备吃午餐。

（4）小明，你今天怎么不高兴？能给老师说说吗？

（5）小朋友，今天老师带你们去找春天好吗？

（6）××小朋友，谢谢你帮助老师，希望你回家后也帮爸爸妈妈做点事。

（7）立正，向右看齐，向前看，稍息，向后转，立定。

（8）你的画颜色真丰富。

（9）丁丁小朋友，挑食可不好，你看别的小朋友吃得多香啊!

（10）请小朋友们洗手。

（11）小朋友们请用餐!

（12）好孩子不挑食，身体才能长得壮。

（13）不能把饭粒掉在桌上和地上，一定要把碗里的饭吃干净。

（14）请回家转告爸爸妈妈明天来参加家长会。

（15）小朋友们，要早一点学会自己穿衣服、穿鞋，做一个能干的小宝宝。

（16）家长们，这里展览的都是孩子们的手工作品。

（17）小眼睛，看老师，小嘴巴，闭闭好，小手放在大腿上。

（18）好朋友手拉手，跟着队伍向前走。

（19）细水流，淋湿手，抹上肥皂仔细搓，手心搓，手背搓，搓出泡泡好快活，不玩水，不推挤，洗净小手就入座。

（20）请小朋友保持间隔距离。

（21）请小朋友把晨检卡插进晨检袋中。

（22）咳嗽时，要侧身、低头、捂嘴轻轻咳。

（23）勇敢的孩子不怕疼。

（24）不要用手揉眼睛。

（25）请把果皮扔到渣盘中。

（26）请小朋友取自己的杯子喝水。

（27）请喝完水后把杯子送回它的小房子。

（28）请第一组的小朋友到老师这里领取工具（学具）。

（29）请把工具（学具）收拾好，送回柜子里。

（30）请把玩具宝宝送回家。

（31）没关系，我们再试一次，好吗？

（32）你真棒！你真行！

（33）请你跟我这样做。（我就跟你这样做）

（34）脚踏起来，一二一，手甩起来，一二一。

（35）佳佳妈妈，今天佳佳很勇敢，摔倒了自己起来的，还没有哭呢。

（36）请小朋友们把小椅子轻轻地放到桌子底下，去解便。

（37）排队洗手的时候，先把袖子卷起来，然后冲水、抹肥皂。

（38）请小朋友们一个接一个拉着小火车，不推不挤。

（39）请小朋友手扶着碗，椅子坐正，脚放平，低低头，小碗接着嘴巴。

（40）小朋友再见！